ARANCINI KUNST

Kulinaarne teekond läbi 100 riisipalli

Malle Raudsepp

Autoriõigus materjal ©2023

Kõik õigused kaitstud.

Ühtegi selle raamatu osa ei tohi mingil kujul ega vahenditega kasutada ega edastada ilma kirjastaja ja autoriõiguse omaniku nõuetekohase kirjaliku nõusolekuta, välja arvatud ülevaates kasutatud lühikesed tsitaadid. Seda raamatut ei tohiks pidada meditsiiniliste, juriidiliste või muude professionaalsete nõuannete asendajaks.

SISUKORD

SISUKORD 3
SISSEJUHATUS 7
KÖÖGIVILJAD ARANCINI 8
   1. Röstitud seinatennis Arancini 9
   2. Spargel Arancini 12
   3. Aedhernes ja kabatšokk Arancini 15
   4. Kõrvitsa Arancini 18
   5. Suvikõrvits Arancini 20
   6. Punapeet Arancini 22
   7. Kartul Arancini 25
   8. Mozzarella ja herneste arancini 27
   9. Päikesekuivatatud tomat ja basiilik Arancini 30
   10. Kartul Arancini 33
   11. Kukeseen Arancini 35
   12. Roheline uba Arancini 38
   13. Spinat Arancini 41
   14. Kuldne jamss Arancini 43
   15. Baklažaan Arancini 45
   16. Tillitud porgand Arancini 47
   17. Seinatennis Arancini redisikastmega 49
PÄHKLIK ARANCINI 52
   18. Lumepall Kastan Arancini 53
   19. Pistaatsia, hernes ja juust Arancini 55
   20. Mandel Arancini 58
   21. Gorgonzola ja pähkel Arancini 60
   22. Kuivatatud sinkja Pine Nut Arancini 63
   23. Šokolaad-sarapuupähkel ArancinI 66
SEEN- JA TRUFFLI ARANCINI 69
   24. Jaapani Arancini 70
   25. Trühvli Arancini 73
   26. Safran ja kukeseen Arancini 75
   27. Porcini seen Arancini 77
TERA ARANCINI 80
   28. Üleöö Grits Arancini 81

29. Küpsetatud Quinoa Arancini 83
30. Suhkrumais Arancini 85
31. Cheddari ja pruuni riisi Arancini 88
32. Spinat ja oder Arancini 90
33. Kuskuss Arancini 92
34. Riis Arancini 95
35. Risotto Arancini 97
36. Kinoa ja kartul Arancini 100
37. Must uba ja pähkel Arancini 102
38. Metsik riis ja hirss Arancini 104
39. Odra Arancini Shitake kastmega 106
40. Pruun riis, mandel ja taimne arancini 109
41. Tatar Arancini 111
42. Kikerherne-kuskussi Arancini 113
43. Hirss Arancini soja- ja ingverikastmega 116

KALA JA MEREANDID ARANCINI 119
44. Krevetid Arancini sidruniga 120
45. Krabi Arancini 123
46. Küpsetatud kalmaari tint Arancini 125
47. Suitsulõhe Arancini 128
48. Jambalaya Arancini 131
49. Tuunikalaga täidetud arancini 134
50. Auster Arancini 137
51. Valge kala Arancini 139
52. Kammkarp Arancini 141
53. Salmon Arancini soolakreekeritega 143
54. Lõhe ja porgand Arancini 145
55. Krevett Arancini 147
56. Küpsetatud lõhe Arancini 149
57. Krevetid Arancini 151
58. Mõõkkala Arancini paksu tomatikastmega 154
59. Krabi Arancini Tangy Kastmega 157
60. Tuna Arancini 159

VEISE-, LAMBALIHAA- JA SEALIHA ARANCINI 161
61. Sitsiilia veiseliha Arancini 162
62. Juustune vasikaliha Arancini 165
63. Ragu ja Pecorino Arancini 168
64. Tõmmatud sealiha Arancini 171

65. Lambaliha Arancini 174
66. Chorizo-täidisega Arancini Bites 177
67. Arancini singiga 179
68. Veiseliha Arancini 182
69. Vasikaliha Arancini 184
70. Rämpsposti Arancini Salsaga 186
71. Hapukapsas ja vorst Arancini 188
72. Lambaliha Arancini 191

PUUVILJAD ARANCINI 194
73. Arancini täidisega puuviljad 195
74. Arancini vaarikas ja kookos 197
75. Õunapirukas Arancini 200
76. Mango Arancini 202
77. Sibul ja õun Arancini 205
78. Õuna kaneel Arancini 208
79. Banaanišokolaad Arancini 210
80. Segamarja Ricotta Arancini 212

MEREVETIKAS ARANCINI 214
81. Merevetikad Arancini pallid 215
82. Spirulina ja seente arancini 218
83. Kombu ja pruun riis Arancini 221

ULUKITE LIHA ARANCINI 224
84. Metssiga Arancini 225
85. Metsik küüslauk ja küülik Arancini 228
86. Hirveliha Arancini 231

JUUST ARANCINI 234
87. Mac ja juust Arancini 235
88. Brie & Basil Arancini 237
89. Kolmekordse juustuga Arancini jõhvikakastmega 240
90. Belgia juust Arancini 243
91. Hispaania brokkoli ja juust Arancini 246

LINNUD ARANCINI 249
92. Sitsiilia part Arancini 250
93. Pühvli kana Arancini 253
94. Türgi Arancini 257
95. Brasiilia kana Arancini 259
96. Faasan Arancini 262
97. Küpsetatud Türgi Arancini 264

98. Kreool Arancini 267
99. Kana karri Arancini 269
100. Muna Arancini 272
KOKKUVÕTE **274**

SISSEJUHATUS

Tere tulemast filmi Arancini Kunst: kulinaarne teekond läbi 100 riisipalli võluvasse maailma. Arancini, need krõbeda headuse kuldsed sfäärid, on põlvkondade kaupa lummanud maitseid kogu maailmas. Alates Sitsiilia võluvatest tänavatest ja lõpetades köökidega üle kogu maailma – need maitsvad riisipallid on jätnud kulinaarsesse kultuuri kustumatu jälje. Selles kokaraamatus kutsume teid ette teekonda läbi 100 ahvatleva arancini retsepti, mis muudavad teie köögi Itaalia toiduparadiisiks.

Arancini, mida Sitsiilia dialektis sageli nimetatakse "väikesteks apelsinideks", sisaldab Itaalia mugavustoidu olemust. Need riisipallid on midagi enamat kui roog; need on kunstiteosed, mis on hoolikalt meisterdatud, et meeltele meeldida. Meie kokaraamatuga saate tutvuda arancini võluga, alates nende tagasihoidlikust päritolust kuni tänapäevaste tõlgendusteni. Olenemata sellest, kas olete kogenud kokk või kodukokk, see raamat pakub igaühele midagi, alates klassikalistest lemmikutest kuni uuendusliku loominguni.

Valmistuge varrukad üles käärima, nautige praadimise arancini lõhnavat aroomi ja jagage omatehtud Itaalia köögi rõõmu pere ja sõpradega. Iga retseptiga avastate täiusliku arancini loomise saladused ja kogete nende maitsvate aarete valmistamisega kaasnevat rahulolu. On aeg alustada oma kulinaarset seiklust – sukeldume Arancini Kunst.

KÖÖGIVILJAD ARANCINI

1. Röstitud seinatennis Arancini

Mark: 12 Arancini

KOOSTISOSAD:
- näputäis safrani niite
- 450 g kõrvitsat, lõigatud 2 cm kuubikuteks
- 3 supilusikatäit oliiviõli
- 50 g võid
- 1 suur sibul, peeneks hakitud
- 2 küüslauguküünt, purustatud
- 350 g carnaroli risoto riisi
- 250 ml valget veini või rohkem puljongit
- 750 ml kana- või köögiviljapuljongit
- 90 g värskelt riivitud parmesani
- 60 g gorgonzolat, lõigatud kaheteistkümneks 1 cm kuubikuks
- 100 g tavalist jahu
- 2 muna, kergelt lahtiklopitud
- 120 g panko riivsaia
- soola ja värskelt jahvatatud musta pipart

JUHISED:
a) Kuumuta ahi temperatuurini 200°C/180°C Ventilaator/gaasimärk 6. Leota safranilõngu 1 spl keevas vees.
b) Pane kõrvits 2 sl oliiviõliga röstimisvormi, maitsesta kergelt ja küpseta 20–25 minutit, kuni see on pehme.
c) Asetage ülejäänud õli ja pool võist tugevale pannile ja
d) 20 minutit õrnalt küpseda, kuni see on pehme, kuid mitte värvunud.
e) Tõsta kuumus keskmisele, sega läbi küüslaugu ja prae vaid minut enne riisi lisamist.
f) Prae segades paar minutit, kuni terad hakkavad muutuma poolläbipaistvaks, seejärel vala juurde vein, kui kasutad, või lisapuljong.
g) Segage sageli keskmisel kuumusel, kuni vedelik on peaaegu imendunud, seejärel valage umbes kolmandik puljongist koos safraniveega ning jätkake keetmist ja segamist umbes 5–8 minutit, kuni vedelik on peaaegu imendunud. Lisa veel kolmandik puljongist ja korda, seejärel lisa ülejäänud puljong, sega regulaarselt, kuni see on imendunud ja riis on lihtsalt pehme.
h) Keera kuumus maha ja sega läbi ülejäänud või ja parmesan. Maitsesta soola ja pipraga ning tõsta kõrvale jahtuma – kandikule laiali laotamine kiirendab oluliselt.

i) Purustage röstitud kõrvits lõikelaual jämedalt pudruks ja jagage see 12 võrdseks osaks. Tasandage iga osa kettaks, seejärel asetage keskele gorgonzola kuubik, enne kui katate selle külgedelt kõrvitsa tõmmates.

j) Pane jahu, muna ja riivsai eraldi kaussidesse.

k) Tühjendage töötasapind ja seadke üles tootmisliin: risoto, seejärel seinatennisi täidis, jahukauss, munakauss, riivsaia kauss ja lõpuks puhas taldrik, kuhu panna valmis arancini.

l) Võtke helde supilusikatäis risotot või kaaluge keedetud risotot ja jagage see võrdsete osade saamiseks 12-ga: see on lisatöö, kuid seda väärt. Veereta esimene risototükk peopesades palliks, surudes tugevasti kokku. Seejärel tasandage pall välja ja lisage keskele kõrvitsitäidise pall, tõmmake risoto küljed üles nii, et see ümbritseks täielikult kerana. Viska pall jahukaussi ja veereta seda õrnalt, kuni see on üleni kaetud.

m) Seejärel pange see munakaussi, rullides uuesti, kuni see on kaetud, enne kui lõpuks kukutage ja rullige see riivsaia kaussi. Tõsta puhtale taldrikule kõrvale ja korda ülejäänud 11 arancini puhul.

n) Kuumutage õli fritüüris temperatuurini 170 °C/340 °F. Prae arancinit 3 või 4 partiidena umbes 5 minutit, kuni need on krõbedad ja kuldsed.

2. Spargel Arancini

KOOSTISOSAD:
SPARAGIKÄIDISEKS:
- 1 küüslauguküüs
- 120 g sparglit
- ½ tl sidrunikoort
- 40 g India pähklit

KATTE KOHTA:
- 70 g valget jahu
- 100 ml vett
- 120 g riivsaia
- 15 g musta seesami seemneid
- ½ tl küüslaugupulbrit
- 1 tl kuivatatud peterselli

RIISI KOHTA:
- 3 supilusikatäit ekstra neitsioliiviõli
- 50 g pruuni sibulat
- 300 g Arborio riisi
- 600 ml köögiviljapuljong
- ½ tl kurkumit

JUHISED:
a) Kuumuta suurel pannil 1 spl oliiviõli ja prae peeneks hakitud sibulat, kuni see pehmeneb.
b) Lisa arborio riis ja kurkum ning sega paar minutit.
c) Vahepeal lase köögiviljapuljong keema. Vala kulp puljongit pannile koos riisiga ja sega korralikult läbi.
d) Jätka puljongi lisamist vahukulbide kaupa, lase igal kulbitäis enne järgmise lisamist imenduda. Keeda umbes 15 minutit, kuni riis on pehme ja kreemjas.
e) Maitsesta arancini risotto maitse järgi soola ja pipraga. Riis peaks olema kreemjas, kuid mitte vedel.
f) Tõsta pann tulelt, laota riis ahjuvormi lamedaks, kata toidukilega ja pane täidise valmistamise ajaks külmkappi.
g) Leota india pähkleid külmas vees, kuni need pehmenevad.
h) Kuumutage eraldi pannil 1 spl oliiviõli ja hautage purustatud küüslauk lõhnavaks. Seejärel lisa viilutatud spargel ja küpseta 10 minutit.
i) Tõsta pann tulelt ja sega pool sparglitest leotatud ja nõrutatud india pähklite, sidrunikoore ja ülejäänud 1 spl oliiviõliga ühtlaseks kreemjaks pastaks. Vajadusel lisage soovitud konsistentsi saavutamiseks vett.
j) Ühe riisipalli moodustamiseks võtke osa riisist, asetage keskele teelusikatäis india pähkli koort, lisage paar keedetud sparglilaastu ja sulgege krokett, mähkides riisi täidise ümber.
k) Valmista ühtlane tainas, vahustades ühes kausis jahu veega. Sega teises kausis riivsai mustade seesamiseemnete, küüslaugupulbri ja kuivatatud peterselliga.
l) Kasta iga riisipall taignasse ja veereta seejärel kattesegus.
m) Aseta ettevalmistatud risotopallid küpsetuspaberiga kaetud ahjuplaadile. Küpseta ahjus 180°C (355°F) või 160°C (320°F) ventilaatoriga ahjudes umbes 30 minutit, kuni need muutuvad pealt krõbedaks.
n) Teise võimalusena võite neid sparglikrokette küpsetada õhufritüüris kõrgel kuumusel 15 minutit, et saavutada poole ajaga ühtlane krõmpsus.
o) Kui need on valmis, laske neil restil jahtuda. Nautige neid vegan küpsetatud spargli arancini soojalt või külmalt.

3. Aedhernes ja kabatšokk Arancini

Valmistab: 8-10

KOOSTISOSAD:
RISOTTO KOHTA:
- 1 liiter keeva veega
- 1,5 spl vegan puljongipulbrit
- ½ supilusikatäit oliiviõli
- ½ sibulat, peeneks hakitud
- 1 küüslauguküüs, peeneks hakitud või purustatud
- 215 g arborio riisi
- 65 ml vegan valget veini
- 1 keskmine kabatšokk, lõika pikuti neljaks ja seejärel kuubikuteks
- 75 g külmutatud herneid
- ½ sidruni mahl
- 1 spl värsket peterselli, peeneks hakitud

JUUSTUKASTME JAOKS:
- 250 ml sojapiima
- 1,5 supilusikatäit toitepärmi
- 4 supilusikatäit tapiokitärklist
- ¼ tl küüslaugupulbrit
- ½ tl sibulapulbrit
- 2 tl valget misopastat
- ½ tl peent meresoola
- 1 tl õunasiidri äädikat

Praadimiseks:
- Taimeõli praadimiseks
- 3 supilusikatäit grammi jahu
- 8 supilusikatäit vett
- ½ tl peent meresoola
- 75 g riivsaia

JUHISED:
RISOTTO VALMISTAMISEKS:
a) Sega keskmises kastrulis keev vesi ja vegan puljong ning hauta madalal kuumusel.
b) Kuumuta teises keskmises kastrulis keskmisel kuumusel oliiviõli.
c) Lisa tükeldatud sibul ja küpseta kaks minutit, kuni see muutub läbipaistvaks. Seejärel lisa küüslauk ja küpseta veel 2 minutit.
d) Sega hulka riis ja lase sel enne valge veini lisamist umbes minut kergelt soojeneda.

e) Kui suurem osa veinist on aurustunud, vala riisile pidevalt segades kuuma puljongit. Jätkake seda protsessi, lastes riisil suurema osa niiskusest välja keeta ning lisage kabatšokk ja herned, kui puljongist on järel üks või kaks kulpi. Sega läbi ja lisa ülejäänud puljong. Selleks peaks kuluma umbes 15-20 minutit.
f) Kui kogu puljong on imendunud ning kabatšokid ja herned on 3–5 minutit küpsenud, kontrollige riisi küpsust. See peaks tunduma sile ja veidi kindel; kui ei, siis lisa veel keeva vett ja keeda valmis.
g) Kui riis on täielikult keedetud, eemaldage see tulelt ja segage sidrunimahla ja hakitud peterselliga.

JUUSTUKASTME TEGEMISEKS:
h) Blenderda kõik juustukastme koostisosad saumikseriga ühtlaseks massiks.
i) Tõsta segu keskmisesse kastrulisse ja küpseta keskmisel kuumusel pidevalt vispeldades, kuni see pakseneb ja muutub kihiliseks.
j) Lisa juustukaste risotole, sega korralikult läbi.
k) Laota risoto ahjuplaadile toatemperatuurile jahtuma. Tõsta külmkappi vähemalt kaheks tunniks või üleöö, kui aega lubab.

Praadimiseks:
l) Kuumutage keskmises kõrge küljega kastrulis umbes 2 tolli taimeõli temperatuurini 175 °C, kasutades temperatuuri jälgimiseks termomeetrit.
m) Õli kuumenemise ajal sega väikeses kausis grammijahu ja vesi ning aseta teise kaussi riivsai. Vooderda ahjuplaat köögirätikuga.
n) Vormi jahutatud risoto küpsisekulbi või käte abil golfipalli suuruseks. Veereta iga pall grammijahusegus ja seejärel riivsaias. Asetage arancini küpsetusplaadile.
o) Töötades 2–3 partiidena, valage arancini lusika abil õlisse. Prae umbes 3 minutit või kuni kõik küljed on kuldpruunid ja krõbedad. Eemaldage õlist ja asetage küpsetusplaadile.
p) Serveeri soojalt, puistata peale helbelist meresoola ja peterselli. Need sobivad suurepäraselt marinara kastme või pestoga!

4. Kõrvits Arancini

KOOSTISOSAD:
- 1 kg võipähklikõrvitsat, kooritud ja kuubikuteks 2 cm
- 3-4 tassi järelejäänud risotot
- 8 baby bocconcini, rebenenud
- 1 tass tavalist jahu
- 3 muna, lahtiklopitud
- 2 tassi peent riivsaia
- Extra virgin oliiviõli pihusti
- Serveerimiseks aioli või majonees
- Serveerimiseks sidruniviilud
- Sool ja pipar

JUHISED:
a) Asetage kooritud ja kuubikuteks lõigatud kõrvits õhkfritüüri korvi. Küpseta aururežiimil 15-20 minutit või kuni see on pehme.
b) Püreesta kõrvits jämedalt ja keera läbi külma risoto.
c) Vormi risotost pallikesed supilusikatäie abil. Tee sõrmega keskele mõlk ja aseta keskele tükk bocconcinit. Kasutage märgade kätega juustu risotoseguga ümber ja asetage see alusele. Korrake ülejäänud risoto ja bocconciniga.
d) Pane munad, jahu ja puru kolme eraldi kaussi. Määrige iga arancini pall jahu, seejärel muna ja seejärel puruga ning asetage fritüüri korvi, tagades, et kasutate õhkfritüüri plaati. Piserdage õliga.
e) Küpseta arancinit Air Fry režiimis 200°C juures 15-20 minutit või kuni kuldpruunini.
f) Serveeri soojalt, et juust keskelt välja immitseks. Serveeri aioli ja sidruniviiludega.
g) Nautige omatehtud kõrvitsa arancinit!

5. Suvikõrvits Arancini

KOOSTISOSAD:

- 120 g arborio/risoto riisi
- 1 spl võid
- 4 tl valget veini
- 1 tl küüslaugupulbrit
- ¾ tassi köögiviljapuljongit
- 60 g suvikõrvitsat, tükeldatud
- 40 g parmesani
- 100 g mozzarellat, lõigatud väikesteks tükkideks
- 1 muna, purustatud ja kergelt lahti klopitud
- 50 g jahu
- 100 g panko riivsaia
- 200g toiduõli, 2 tl suvikõrvitsa praadimiseks

JUHISED:

a) Kuumuta suur mittenakkuva kastrul keskmisele kuumusele, lisa 2 tl toiduõli ja prae suvikõrvitsat viskamise ajal 3 minutit.
b) Lisa või ja riis pannile koos veiniga ning küpseta 2 minutit.
c) Lisa vähehaaval köögiviljapuljongit, samal ajal pidevalt segades ja enne lisamist lase puljongil nõrguda.
d) Korrake protsessi, mis peaks kestma kokku kuni 20 minutit, kuni teil on kleepuv riis.
e) Tõsta tulelt ja tõsta kaussi.
f) Võtke 3 kaussi ja lisage ühte jahu, teisele lahtiklopitud muna ja kolmandasse panko.
g) Sega parmesan riisiseguga ja jaga segust olenevalt suurusest nii mitmeks palliks, kui soovid.
h) Nüüd võtke tükk mozzarellat, mässige see ühte oma riisipallidesse, kastke jahu, seejärel muna ja lõpuks panko sisse ning pange kõrvale.
i) Kuumutage ülejäänud toiduõli pannil keskmisel-kõrgel kuumusel. Küpseta arancini pallikesi eelkuumutatud õlis 3 minutit, aeg-ajalt keerates, kuni need on kuldpruunid.
j) Nautige oma Zucchini Arancinit!

6. Punapeet Arancini

KOOSTISOSAD:
- 250 g Arborio risotto riisi
- 3 peeti, keedetud ja riivitud
- 125 ml kuiva valget veini
- 2 muna
- 1 küüslauguküüs, purustatud
- 70 g Mozzarella juustupallid, kuubikuteks
- 3 supilusikatäit oliiviõli
- 2 spl parmesani juustu, riivitud
- Sool ja pipar, maitse järgi
- 1 Šalott, peeneks hakitud
- 100 g Värsket riivsaia
- 3 oksa värsket salvei, kaunistuseks
- Õli, friteerimiseks
- 500 ml Köögiviljapuljong

JUHISED:

a) Vala puljong suurde kastrulisse ja aja keema. Vähendage kuumust, et see keeks.
b) Kuumuta potis õli madalal kuumusel. Lisa šalottsibul ja küüslauk ning küpseta õrnalt umbes 1 minut, kuni need on täielikult pehmenenud.
c) Lisage riis ja segage hästi 1 minut, tagades, et see on glasuur, kuid ei kleepuks panni põhja külge. Lisa riivitud peet, vala juurde vein ja jätka riisi segamist, kuni vein on aurustunud.
d) Alustage sooja puljongi lisamist kulbitäie haaval õrnalt segades, laske igal lisandil enne järgmise lisamist imenduda. Jätkake sel viisil, kuni kogu vedelik on imendunud ja riis on lihav ja pehme, mis võtab aega 18–22 minutit. Tõsta risoto tulelt ja sega hulka parmesan ning veidi soola ja pipart. Laota see suurele tassile ja lase jahtuda.
e) Kui risoto on jahtunud või vähemalt piisavalt jahtunud, et pisut jäigemaks muutuda, rulli see peopesade vahel golfipalli suuruseks. Lükake mozzarella juustu kuubik iga palli keskele, tagades, et juust on täielikult suletud. Kata lõdvalt kaanega ja pane vähemalt 1 tunniks külmkappi.
f) Kuumuta õli fritüüris 180°C-ni.
g) Pane jahu laia madalasse kaussi. Murra munad teise laia madalasse kaussi ja klopi kergelt läbi. Pane riivsai kolmandasse laiasse madalasse kaussi.
h) Kastke iga riisipall esmalt jahusse, raputades maha kõik üleliigsed, seejärel kastke munasse, laske ülejäägil maha tilkuda. Viimistlege need täielikult riivsaiaga. Korrake ülejäänud pallidega.
i) Partiidena töötades prae palle 2–3 minutit, kuni need on üleni kuldpruunid. Eemalda lusikaga ja nõruta köögipaberil.
j) Kaunista värske salvei okstega ja serveeri kohe, kuni juust veel keskelt sulab.
k) Nautige oma Beetroot Arancinit!

7. Kartul Arancini

KOOSTISOSAD:

ARANCINI:
- 350 g jahust kartulit, lõigatud tükkideks
- Soolavesi, keetmine
- 2 munakollast
- ½ supilusikatäit Fine Food Extra Virgin oliiviõli sidruniga
- 1 spl Maizena maisijahu
- Sool, maitse järgi

TÄITMINE:
- 3 supilusikatäit Ragù alla Bolognese
- 1 spl valget jahu
- 1 muna, lahtiklopitud
- 3 spl riivsaia
- 3 dl maapähkliõli

JUHISED:

ARANCINI:
a) Keeda kartuleid ilma kaaneta soolaga maitsestatud vees umbes 20 minutit pehmeks.
b) Tühjendage vesi ja raputage panni, et kartulite jääkniiskus aurustuks, jättes need valkjaks ja kuivaks.
c) Suru kartulid läbi sõela kaussi. Sega hulka munakollane, oliiviõli ja maisijahu, maitsesta.

TÄITMINE:
d) Vormige segust 3 palli, tõmmake äärt veidi ülespoole tõmmates veidi lapikuks, asetage igaühele 1 supilusikatäis Bologneset, keerake tainasse ja vormige pallid.
e) Veereta pallikesed jahus, raputades maha üleliigne jahu, seejärel määri munaga ja seejärel riivsaiaga.
f) Kuumuta maapähkliõli pannil umbes 170 °C-ni. Asetage pallid lusikaga jaokaupa õli sisse, küpsetage umbes 5 minutit, kuni need on kuldkollased, eemaldage ja asetage liigne õli eemaldamiseks köögipaberile.
g) Poolita pallid ja jaga 2 plaadiks. Nautige!

8. Mozzarella ja hernes Arancini

KOOSTISOSAD:
- 40 g soolamata võid
- 2 supilusikatäit ekstra neitsioliiviõli
- 1 eschalott, peeneks hakitud
- 2 küüslauguküünt, peeneks hakitud
- 1 tass arborio riisi
- ¼ tassi Verjuice'i
- 2 tassi kanapuljongit, soe
- 2 tl meresoola
- ½ tl jahvatatud valget pipart
- 2 vabalt peetava muna, kergelt lahtiklopitud
- ⅓ tassi lamedate lehtedega peterselli, peeneks hakitud
- 2 spl sidrunikoort
- ¼ tassi parmesani, riivitud
- 50g värsket mozzarellat, rebitud
- ⅓ tassi herneid
- 1 tl tüümianiõisi (valikuline)

PURUSTAMINE:
- ½ tassi tavalist jahu
- 1 vabapidamise muna, lahtiklopitud munade pesemiseks
- 2 tassi riivsaia
- 500 ml ekstra neitsioliiviõli friteerimiseks

JUHISED:

a) Asetage keskmise suurusega pott keskmisele kuumusele ja lisage või. Kui see hakkab muutuma pähklipruuniks, lisage oliiviõli, et vältida või kõrbemist.

b) Lisa peeneks hakitud eschalot ja prae 2–3 minutit või kuni see on pehme. Seejärel lisage küüslauk ja hautage veel 2 minutit. Lisa riis ja sega, et kogu riis kataks või ja oliiviõliga, seejärel deglaseeri Verjuice'ga.

c) Lisa vahukulp haaval soe kanapuljong, lisa alles siis, kui iga kulp on imendunud. Katsetage umbes 18 minuti pärast, kuna riis peaks olema alles keedetud. Maitsesta maitse järgi.

d) Laota küpsenud segu alusele kohe jahtuma, et küpsemine ei jätkuks.

e) Kui riis on jahtuma hakanud, määri lahtiklopitud muna ühtlaselt jahtuvale riisile. Puista petersell, sidrunikoor ja parmesan ühtlaselt jahtuvale riisile ning jäta, kuni see on täielikult jahtunud, kuid ära pane külmkappi.

f) Võtke portsjon riisi pihku ja vormige see tassi kujuliseks. Asetage keskele tükk mozzarellat koos paari hernesega, seejärel sulgege pealmine osa ja tehke sellest sile pall, hoides mozzarellat ja herneid keskel.

g) Veereta pallikesi jahus, seejärel kasta lahtiklopitud munasse ja veereta riivsaias.

h) Praadimiseks asetage ekstra neitsioliiviõli keskmise kõrge küljega potti või väikesesse fritüüri. Asetage see keskmisele kuni kõrgele kuumusele ja tõstke õli temperatuur 170 °C-ni (kasutage digitaalset termomeetrit). Kontrollige temperatuuri, et see liiga kuumaks ei läheks.

i) Prae iga palli kolm minutit, kuni see on kuldpruun ja seest piisavalt kuum, et juust sulaks. Lõhkemise vältimiseks veenduge, et arancini on õli sisse kastetud.

j) Eemalda arancini õlist ja nõruta mõnel majapidamispaberil. Enne serveerimist puista üle värskete tüümianiõitega.

9. Päikesekuivatatud tomat ja basiilik Arancini

KOOSTISOSAD:
ARANCINI:
- 3 tassi lillkapsa riisi
- 4 küüslauguküünt, hakitud
- 2 supilusikatäit oliiviõli, jagatud pluss veel praadimiseks
- 1 spl linaseemnejahu linamuna valmistamiseks
- 2 ½ supilusikatäit vett linamuna valmistamiseks
- ½ tassi päikesekuivatatud tomateid, tükeldatud
- 3 spl värsket hakitud basiilikut pluss veel serveerimiseks
- 2 tl kuivatatud pune
- ½ tassi vegan parmesani juustu
- ½ tassi panko leivapuru
- ¼ teelusikatäit meresoola ja musta pipart (pluss veel maitse järgi)

KATE:
- 3 spl panko leivapuru
- 1 spl vegan parmesani juustu

SERVERIMISEKS (VALIKULINE):
- 1 tass lemmik marinara kastet

JUHISED:

a) Kuumuta ahi 375 kraadini F (190 C) ja vooderda küpsetusplaat fooliumiga.
b) Hauta suurel pannil keskmisel kuumusel lillkapsariisi ja küüslauku pooles oliiviõlis (1 supilusikatäis) 5 minutit kaanega, sageli segades. Kõrvale panema.
c) Valmistage linamuna, lisades blenderisse või köögikombaini linaseemnejahu ja vesi. Oodake 5 minutit.
d) Lisa päikesekuivatatud tomatid, basiilik, pune, vegan parmesani juust ja panko leivapuru ning pulse/sega omavahel.
e) Lisa köögikombaini või blenderisse lillkapsariis koos soola ja pipra ning ülejäänud oliiviõliga (1 spl). Pulseeri/sega veel paar korda ja tõsta seejärel segamisnõusse, et segu ei muutuks liiga pastalaadseks.
f) Maitse ja kohanda maitseaineid vastavalt vajadusele. Lisa veel riivsaia ja/või vegan parmesani juustu, kui segu tundub liiga märg. Kokkusurumisel peaks see olema vormitav.
g) Tõsta segu 30 minutiks külmkappi või 15 minutiks sügavkülma. Sel ajal sega madalas kausis panko leivapuru ja vegan parmesani juust. Kõrvale panema.
h) Pärast jahutamist kasutage supilusikatäit või küpsiselusikatäit, et välja võtta supilusikatäie arancini segu. Vormi need ettevaatlikult pallideks.
i) Määri arancini ükshaaval panko-vegan parmesani seguga ja tõsta seejärel ahjuplaadile kõrvale.
j) Kuumuta suur pann keskmisel kuumusel. Kui see on kuum, lisa 1-2 spl õli ja pruunista korraga 6-7 arancinit kokku 4-5 minutit, rulli lusika või kahvliga igast küljest pruuniks. Keera kuumust madalamaks, kui pruunistub liiga kiiresti.
k) Kui kõik on pruunistunud, asetage need tagasi küpsetusplaadile ja küpsetage 375-kraadises F (190 C) ahjus 15-20 minutit.
l) Vahepeal valmista/kuumuta kaste (valikuline) ja kõik muud soovitud lisandid või küljed.
m) Laske arancinil 5 minutit jahtuda, seejärel serveerige marinara ja täiendava vegan-parmesani juustuga. Neid on kõige parem süüa kahvliga, kuna need on pehmed.

10. Kartul Arancini

KOOSTISOSAD:
- 4 muna
- 2 spl piima
- 2 spl soola
- 3 tassi kartulit (keedetud ja püreestatud)
- 1 tass jahu (universaalne)

JUHISED:

a) Pane kartulipuder kaussi. Lisage kartulipudrule kahe munakollased, või, juust, hakitud peekon, piim ja petersell. Sega korralikult läbi.

b) Murra ja klopi väikeses kausis lahti ülejäänud 2 muna. Pane sool ja jahvatatud pipar teise kaussi. Pane jahu suuremasse kaussi. Viimasena pane kaussi riivsai.

c) Vormi esimeses kausis olev segu (kartulipuder ja muu) golfipallitaoliseks vormiks.

d) Veereta pallikesi jahus, lahtiklopitud munades, soola/pipra segus ja riivsaias, kuni see on kaetud. Tehke need kõik pallid üksteise järel.

e) Valage maapähkliõli praepannile. Kuumutage umbes 350 F^2-ni.

f) Prae iga pall pannil, kuni see on kuldpruun.

g) Serveeri.

11. Kukeseen Arancini

KOOSTISOSAD:
- 3 tassi kuubikuteks lõigatud värsket saia
- ¾ tassi piima
- 2 spl võid
- 1 kilo kukeseeni, õhukeselt viilutatud
- 3 supilusikatäit hakitud šalottsibulat
- 1½ tl hakitud värsket rosmariini
- 3 muna
- ½ tassi riivitud müensteri juustu
- Sool, maitse järgi
- Cayenne'i pipar, maitse järgi
- 2 spl oliiviõli
- ¼ tassi kuiva röstitud leivapuru
- Valikuline kaunistus:
- 1 hunnik värsket peterselli, loputatud ja hästi kuivatatud
- Taimeõli (praadimiseks)

JUHISED:
a) Leota kuubikuteks lõigatud leiba kausis 5 minutit piimas.
b) Sulata pannil või, kuni see vahutab. Lisa viilutatud kukeseened, sega kokku ja küpseta 5 minutit.
c) Lisa seentele hakitud šalottsibul, maitsesta soola ja Cayenne'i pipraga ning jätka küpsetamist, kuni seened on pehmed ja kogu vedelik aurustunud. Tõsta veidi jahtuma.
d) Pigista leotatud leivast liigne piim välja ja aseta suurde kaussi.
e) Lisa leivaga kaussi tükeldatud rosmariin, munad, riivitud münsteri juust ja keedetud seened. Sega hoolikalt ja maitsesta veel soola ja Cayenne'i pipraga.
f) Kuumuta pannil oliiviõli, kuni see on väga kuum.
g) Võtke 2 supilusikatäit leivasegu, vormige sellest umbes ¾ tolli paksune pätsike ja katke see kergelt kuiva röstitud leivapuruga. Korrake protsessi ülejäänud segu jaoks.
h) Asetage Arancini ettevaatlikult kuuma õli sisse ja prae neid mõlemalt poolt 4 minutit või kuni need muutuvad kuldpruuniks ja krõbedaks.
i) Eemaldage Arancini pannilt, nõrutage need paberrätikutele ja asetage need serveerimisvaagnale.
j) Valikuline kaunistus:
k) Kuumutage fritüüris või kastrulis 2 tolli taimeõli, kuni fritüüri termomeeter registreerib 375 kraadi Fahrenheiti (190 kraadi Celsiuse järgi).
l) Pange osade kaupa ettevaatlikult kuuma õli sisse mõned värsked petersellioksad. Prae neid umbes 30 sekundit või kuni need muutuvad krõbedaks. Eemalda praetud petersell lusikaga ja nõruta paberrätikutel.
m) Serveerige Chanterelle Arancinit koos krõbeda petersselliga, et saada maitset ja esitlust.
n) Nautige neid maitsvaid ja soolaseid Chanterelle Arancini eelroana või lisandina ning krõbe petersselliga garneering lisab roale veetlevat visuaalset külge.

12. Roheline uba Arancini

KOOSTISOSAD:
- 20 untsi Rohelised oad, nõrutatud
- 2 spl margariini
- 2 ½ supilusikatäit jahu
- ⅔ tassi piima
- ½ teelusikatäit soola
- 2 tl Hakkliha sibulat
- ¼ teelusikatäit Worcestershire'i kastet
- 2 tassi jämedat täistera nisu leivapuru
- ¾ tassi peent täistera nisu leivapuru
- 1 muna, 2 spl külma veega kergelt lahti klopitud
- Taimeõli (praadimiseks)

JUHISED:

a) Sulata margariin väikeses potis keskmisel kuumusel. Sega juurde jahu ja küpseta pidevalt segades, kuni moodustub ühtlane pasta.

b) Lisa jahusegule järk-järgult piim, pidevalt segades, kuni kaste muutub väga paksuks ja kreemjaks.

c) Lisage valgele kastmele sool, hakitud sibul ja Worcestershire'i kaste. Sega hästi.

d) Haki või püreesta nõrutatud rohelised oad ja lisa need koos jämeda täistera leivapuruga valgele kastmele. Sega kõik korralikult läbi ja seejärel jahuta segu külmikusse.

e) Vormige jahutatud roheliste ubade segust Arancini, kasutades iga Arancini kohta umbes 1 supilusikatäit.

f) Veereta iga Arancini peeneks täistera nisu leivapurus, kuni see on ühtlaselt kaetud.

g) Kastke iga paneeritud Arancini lahtiklopitud munasegusse ja seejärel veeretage seda uuesti peeneks riivsaias teise katte jaoks.

h) Kuumutage pannil praadimiseks keskmisel-kõrgel kuumusel väike kogus taimeõli.

i) Prae kaetud Arancini kuumas õlis, kuni need muutuvad kuldpruuniks ja muutuvad igast küljest krõbedaks.

j) Eemaldage lusikaga praetud rohelised oad Arancini õlist ja asetage need paberrätikutele, et liigne õli välja voolaks.

k) Serveeri rohelist uba Arancinit kuumalt koos dipikastmega tšillikastmega.

l) Nautige neid maitsvaid ja toitvaid roheliste ubade arancinisid meeldiva eelroana või lisandina. Nende krõbe väliskülg ja maitsev roheliste ubade täidis muudavad need suurepäraseks lisandiks igale toidule!

13. Spinat Arancini

KOOSTISOSAD:
- 1 tass kartulipüree
- 10 untsi külmutatud spinat, sulatatud ja pressitud, et eemaldada liigne vesi
- Sool ja pipar, maitse järgi
- 2 muna
- ⅓ tassi riivitud parmesani juustu
- Mõni tilk Tabasco kastet
- Näputäis muskaatpähklit
- Riivsai
- Valikuline: Mozzarella juust, tükeldatud (täidiseks)
- Valikuline: kuubikuteks lõigatud sink (täidiseks)
- Õli praadimiseks

JUHISED:
a) Sega kausis kokku kartulipuder ja sulatatud spinat. Maitsesta segu maitse järgi soola ja pipraga.
b) Klopi eraldi kausis lahti munad ja lisa need kartuli-spinati segule. Sega hästi, et munad seguneksid põhjalikult.
c) Sega hulka riivitud parmesani juust, paar tilka Tabasco kastet ja näputäis muskaatpähklit. Kohandage maitseaineid vastavalt oma maitse-eelistustele.
d) Kui kasutate valikulisi täidiseid, näiteks mozzarellat või sinki, võtke väike kogus kartuli-spinati segu ja vormige see väikeseks pätsiks. Asetage keskele väike tükk mozzarellat või sinki ja katke see seguga, moodustades ümmarguse Arancini. Korrake ülejäänud segu ja valikuliste täidistega.
e) Veereta iga Arancini riivsaias, tagades, et need oleksid igast küljest ühtlaselt kaetud.
f) Kuumuta sügaval pannil või pannil keskmisel-kõrgel kuumusel praadimiseks piisavalt õli.
g) Prae Arancini partiide kaupa, kuni need muutuvad pealt kuldpruuniks ja krõbedaks. Kasutage lusikaga Arancini õlist eemaldamiseks ja asetage need paberrätikutega vooderdatud taldrikule, et liigne õli välja voolata.
h) Serveeri maitsvat Spinati Arancinit mõnusa eelroana või lisandina. Neid saab nautida eraldi või teie valitud dipikastmega. Nautige krõmpsuvat välisust ja maitsvat täidist!

14. Kuldne jamss Arancini

KOOSTISOSAD:
- 4 keskmist jamssi, keedetud
- 2 supilusikatäit Suhkur
- 2 munakollast
- 2 Munavalget, klopitakse vahuks
- 2 supilusikatäit võid või margariini
- 2 tl Sibulamahla
- Natuke soola
- Natuke paprikat
- 3 tassi purustatud maisihelbeid

JUHISED:
a) Koorige keedetud jamss ja lõigake need pikuti umbes ½ tolli paksusteks viiludeks.
b) Püreesta bataat segamisnõus ühtlaseks massiks.
c) Lisa kartulipudrule suhkur, munakollased, või või margariin, sibulamahl, sool ja paprika. Segage kõik koostisosad hästi, kuni need on põhjalikult ühendatud. Jahutage segu mõneks ajaks külmikusse, et see tahkuks.
d) Võtke jahutatud bataadisegu ja vormige sellest Arancini, vormides need soovitud suuruse ja kujuga.
e) Eraldi kaussidesse pane lahtiklopitud munavalged ja purustatud maisihelbed.
f) Veereta iga jamssi Arancini vahuses munavalges ja seejärel kata need ühtlaselt purustatud maisihelvestega.
g) Kuumutage fritüüris või raskes pannil nii palju taimeõli, et Arancini sukelduks.
h) Prae kaetud Arancinit kuumas õlis umbes 3–5 minutit või kuni need muutuvad kuldpruuniks ja pealt krõbedaks.
i) Kasutage lusikaga praetud jamssi Arancini õlist eemaldamiseks ja asetage need paberrätikutele, et liigne õli välja voolaks.
j) Serveeri Kuldne jamss Arancini, kui see on veel kuum ja krõbe.
k) Nautige neid veetlevaid ja maitsvaid jamssi Arancini maitsva lisandi või eelroana. Nende kuldne välisilme ja pehme, kreemjas sisemus muudavad need vastupandamatuks maiuspalaks igaks sündmuseks!

15. Baklažaan Arancini

KOOSTISOSAD:
- 2 baklažaani, kooritud ja kuubikuteks lõigatud
- 1 tass maitsestatud leivapuru
- 2 spl Värsket peterselli, hakitud
- 1 küüslauguküüs, hakitud
- 1 tl Sool
- 1 tass teravat juustu, riivitud
- 2 muna
- 2 spl Sibul, peeneks hakitud
- 1 tass maisiõli (praadimiseks)
- ½ tl pipart

JUHISED:
a) Keeda kuubikuteks lõigatud baklažaanid kaanega kastrulis väheses koguses keevas vees pehmeks, mis peaks võtma umbes 4-5 minutit. Nõruta keedetud baklažaan ja purusta see kahvli või kartulipudruga.
b) Sega kausis purustatud baklažaan maitsestatud riivsaia, hakitud värske peterselli, hakitud küüslaugu, soola, riivitud juustu, munade ja peeneks hakitud sibulaga. Segage kõik koostisosad hoolikalt, kuni need on hästi segunenud.
c) Vormi segust kätega pätsikesed, vormides neist ühtlase suurusega Arancini.
d) Kuumuta suurel pannil või pannil maisiõli keskmisel-kõrgel kuumusel.
e) Prae baklažaan Arancini kuumas õlis, kuni need muutuvad mõlemalt poolt kuldpruuniks ja krõbedaks. Selleks peaks kuluma umbes 5 minutit ühe poole kohta.
f) Kui Arancini on küpsetatud, eemaldage need õlist ja asetage need paberrätikutele, et liigne õli ära voolaks.
g) Serveeri maitsvat baklažaani Arancinit, kui see on veel soe ja krõbe.
h) Nautige neid maitsvaid ja aromaatseid baklažaanide arancinisid meeldiva eelroana või oivalise lisandina. Pehme baklažaanipüree, juustu, ürtide ja riivsaia kombinatsioon loob veetleva tekstuuri ja maitse, mis avaldab kindlasti muljet teie maitsemeeltele!

16. Tillitud porgand Arancini

KOOSTISOSAD:
- 2 tassi jämedalt riivitud porgandit, tugevalt pakitud
- 2 muna, lahtiklopitud
- 1 väike sibul, riivitud
- ⅓ tassi tavalist jogurtit
- ⅓ tassi leivapuru
- 3 spl hakitud värsket tilli või 1 ½ supilusikatäit kuivatatud tilli
- 1 tl Kuivatatud suvist soolast
- ¾ tl Jahvatatud koriandrit
- Sool ja pipar, maitse järgi
- Safloooriõli, praadimiseks

JUHISED:
a) Sega suures segamiskausis omavahel jämedalt riivitud porgand, lahtiklopitud munad, riivitud sibul, maitsestamata jogurt, riivsai, hakitud värske till (või kuivatatud till), kuivatatud suvine maitseaine ja jahvatatud koriander.
b) Segage kõik koostisosad hoolikalt, kuni need on hästi segunenud. Maitsesta segu maitse järgi soola ja pipraga.
c) Kuumuta just nii palju saflooriõli, et katta suure panni põhja madalal kuumusel.
d) Vormi porgandisegust käte abil peopesasuurune Arancini.
e) Asetage Arancini ettevaatlikult pannil kuuma õli sisse.
f) Prae Arancinit mõlemalt poolt, kuni need on kenasti pruunid ja läbi küpsenud.
g) Kui Arancini on keedetud, eemaldage need pannilt ja tühjendage liigne õli paberrätikutel.
h) Serveerige tillitud porgandit Arancini, kui see on veel soe, ja nautige nende veetlevat maitsete segu.

17. Seinatennis Arancini redisikastmega

KOOSTISOSAD:
- 2 tassi suvikõrvitsat, kooritud ja lõigatud paksudeks tükkideks
- ½ tassi sibulat, hakitud
- ½ tassi porgandit, peeneks riivitud
- ¼ tassi värsket peterselli, peeneks hakitud
- ⅛ teelusikatäis meresoola
- ½ tassi täistera nisu kondiitritoodete jahu
- Õli friteerimiseks
- Taigen:
- ½ tassi täistera nisu kondiitritoodete jahu
- ½ tassi pleegitamata valget jahu
- 1 tl Arrowroot pulbrit
- ⅛ teelusikatäis meresoola
- ¾ tassi külma vett
- 2 tassi täistera leivapuru
- Redisikaste:
- ½ tassi madala naatriumisisaldusega sojakastet
- 1 spl Daikonit või punast redist, peeneks riivitud
- Vesi

JUHISED:
a) Auruta suvikõrvits pehmeks ja seejärel püreesta.
b) Sega kausis seinatennisipüree hakitud sibula, peeneks riivitud porgandi, hakitud peterselli, meresoola ja täistera nisujahuga. Sega hästi, et moodustuks paks segu.
c) Vormi segust 10 Arancinit, vormides neist väikesed ovaalsed pätsikesed.
d) Valage fritüüri või raskesse pannile umbes 3 tolli õli ja kuumutage see temperatuurini 350 kraadi Fahrenheiti (175 kraadi Celsiuse järgi).
e) Taigna valmistamiseks sega õrnalt täistera nisujahu, pleegitamata valge jahu, noolejuurpulber, meresool ja külm vesi, kuni saad ühtlase taigna.
f) Kastke iga Arancini taignasse, veendudes, et see oleks täielikult kaetud, ja seejärel veeretage seda täisteraleivapurus.
g) Prae kaetud Arancini kuumas õlis, kuni need muutuvad krõbedaks ja kuldpruuniks, vajadusel keerake need ümber, et tagada ühtlane praadimine.
h) Pärast küpsetamist eemaldage Arancini õlist ja nõrutage need hästi.
i) Redisikastme jaoks ühendage vähese naatriumisisaldusega sojakaste lihtsalt veega, et see veidi lahjendada. Maitse lisamiseks puista peale peeneks riivitud daikonit või punast redist.
j) Serveeri kuuma ja krõbedat seinatennis Arancinit koos värskendava Redisikastmega. Nautige neid veetlevaid ja toitvaid Arancinit maitsva eelroana või suupistena!

PÄHKLIK ARANCINI

18. Lumepall Kastan Arancini

KOOSTISOSAD:
- 1 spl oliiviõli
- 1 sibul, tükeldatud
- 250 g arborio risoto riisi
- 1 potti köögiviljapuljong
- 100 g keedetud kastaneid, hakitud
- ½ x 20 g pakis salveilehti, tükeldatud
- 75 g riivitud parmesani
- 1 x 125 g pakk mozzarella pärleid või 150 g pall kuubikutena
- 80 g tavalist jahu
- 2 keskmist muna
- 100g pankot või muud kuivatatud riivsaia
- 1 liiter õli friteerimiseks

JUHISED:
a) Valmistage risotopallid 4. toimingu lõpuni kuni 24 tundi ette ja hoidke neid kuni praadimiseni jahedas.
b) Kuumuta suurel pannil õli ja prae sibulat õrnalt 6–8 minutit, kuni see on pehme, kuid mitte värvunud.
c) Lisa riis ja sega ühtlaseks.
d) Valage puljong keeva veega 800 ml-ni ja hoidke seda pannil madalal kuumusel kuumana.
e) Lisa riisile paar kulbitäit puljongit; segage, kuni see on imendunud. Jätkake sel viisil järk-järgult puljongi lisamist, kuni riis on küpsenud, kuid säilitab siiski pisut hambumust.
f) Sega läbi kastanid, salvei ja umbes pool parmesanist; hooaja hästi.
g) Jahuta täielikult.
h) Vormi risoto 15 palliks, ümbritsedes iga palli keskel mozzarella pärliga. Jahuta 30 minutit.
i) Pane jahu, munad ja riivsai eraldi madalatesse kaussidesse.
j) Kasta risotopallid esmalt jahusse, seejärel munasse ja lõpuks puru sisse, veendumaks, et need on täielikult kaetud.
k) Kuumuta õli 180°C sügaval pannil. Leivakuubik peaks muutuma pruuniks 45 sekundi jooksul.
l) Prae arancinit 6-8 minutit (kahe partii kaupa), kuni need on kuldsed.
m) Nõruta majapidamispaberil ja serveeri ülejäänud parmesaniga, mis on lumena üle puistatud.
n) Nautige oma lumepalli Arancinit!

19. Pistaatsia, hernes ja juust Arancini

KOOSTISOSAD:
- 2 ½ supilusikatäit soolata võid
- 1 väike sibul, hakitud
- 1 ½ tassi arborio riisi (umbes 10 untsi)
- ½ tassi kuiva valget veini
- Näputäis safrani niite, murendatud
- Sool ja värskelt jahvatatud must pipar
- 3 tassi kanapuljongit või madala naatriumisisaldusega puljongit, soojendatud
- 3 spl värskelt riivitud Parmigiano-RMunaiano juustu
- ½ supilusikatäit universaalset jahu, lisaks veel tolmu puhastamiseks
- ¼ tassi pluss 2 spl piima
- Näputäis värskelt riivitud muskaatpähklit
- 4 untsi värsket mozzarellat, peeneks tükeldatud
- ¼ tassi pluss 2 supilusikatäit tükeldatud soolatud pistaatsiapähklit
- 2 spl külmutatud beebiherneid, sulatatud
- 2 suurt muna, lahtiklopitud
- 1 ½ tassi pankot (jaapani leivapuru)
- Taimeõli, praadimiseks

JUHISED:

a) Sulata suures kastrulis 2 supilusikatäit võid. Lisa hakitud sibul ja küpseta mõõdukal kuumusel segades, kuni see on kergelt pruunistunud (umbes 7 minutit). Lisa arborio riis ja küpseta segades, kuni see on hästi võiga kaetud.

b) Vala juurde valge vein ja murendatud safran, maitsesta soola ja musta pipraga ning keeda segades, kuni vein on imendunud (umbes 2 minutit).

c) Lisage soe kanapuljong ½ tassi kaupa, lisamiste vahel pidevalt segades, kuni see on imendunud. Risoto valmib, kui riis on al dente, mis võtab aega umbes 25 minutit.

d) Sega hulka riivjuust, tõsta kaussi ja lase jahtuda.

e) Sulata väikeses potis ülejäänud ½ supilusikatäit võid. Lisa ½ supilusikatäit jahu ja vahusta pidevalt mõõdukal kuumusel 1 minut. Lisa piim ja keeda vahustades kuni paksenemiseni.

f) Maitsesta muskaatpähkli, soola ja musta pipraga ning tõsta kaussi täielikult jahtuma. Sega juurde mozzarella, pistaatsiapähklid ja herned.

g) Vooderda suur küpsetusplaat vahapaberiga. Asetage munad, panko ja jahu tolmutamiseks kolme madalasse kaussi. Vormi riisisegust kergelt niisutatud kätega 16 võrdset palli. Töötage ühe palliga korraga, tehke sõrmega keskele süvend ja vajutage külgedele, et lohk oleks suurem.

h) Tõsta õõnsusse napp supilusikatäis pistaatsiatäidist ja suru risoto täidise ümber, et see katta.

i) Tõsta pall küpsetusplaadile. Korda sama ülejäänud risoto ja täidisega. Puista arancini jahuga, koputades ära üleliigne. Määri need munaga ja veereta pankos.

j) Kuumuta suurel sügaval pannil 1 tolli taimeõli temperatuurini 350 °F. Prae arancini mõõdukal kuumusel aeg-ajalt keerates kuldseks ja läbikuumutamiseks, mis võtab aega umbes 8 minutit. Nõruta arancini paberrätikutel ja serveeri kuumalt. Nautige!

20. Mandel Arancini

Valmistab: 4 portsjonit

KOOSTISOSAD:
- ½ tassi tükeldatud mandleid
- 2 tassi külma järelejäänud risotot
- ¼ tassi lõdvalt pakitud värskeid lamedate lehtedega peterselli lehti, hakitud
- 1 suur muna
- Kaksteist ½-tollist mozzarella kuubikut (umbes 2 untsi)
- 1 tass panko riivsaia
- Ekstra neitsioliiviõli madalaks praadimiseks
- 2 tassi sooja poest ostetud marinara kastet

JUHISED:
a) Kuumuta ahi 350 kraadi Fahrenheiti järgi. Laotage tükeldatud mandlid küpsetusplaadile ja röstige neid, kuni need muutuvad lõhnavaks ja muutuvad kuldseks, mis peaks võtma umbes 7–10 minutit. Olge valvas, sest need võivad kiiresti põlema minna. Enne tükeldamist lase röstitud mandlitel jahtuda.

b) Sega suures kausis külm allesjäänud risoto, röstitud mandlid, hakitud petersell ja muna, kuni segu on täielikult segunenud. Võtke umbes 2 supilusikatäit segu ja keerake see ümber iga mozzarella kuubiku, moodustades 12 palli. Veeretage riisipallid panko riivsaias, et need katta, ja asetage need seejärel umbes 10 minutiks sügavkülma, kuni need tahkuvad.

c) Kuumutage umbes ½ tolli ekstra neitsioliiviõli suurel sügaval pannil keskmisel kuumusel, kuni see saavutab 350 kraadi Fahrenheiti, mida saate kinnitada fritüürtermomeetriga või siis, kui õlis mullitavad kiiresti paar riisitükki.

d) Prae riisipalle partiidena, neid aeg-ajalt keerates, kuni need on täielikult küpsed ja neil on igast küljest kuldpruun värvus. Selleks peaks kuluma umbes 6 minutit. Tõsta arancini lusika abil paberrätikutega vooderdatud taldrikule, et liigne õli välja voolata.

e) Serveeri neid mandli Arancini, kui need on soojad, koos marinara kastmega. Nautige seda maitsvat ja krõbedat maiust!

21. Gorgonzola ja pähkel Arancini

Valmistab: 6 portsjonit

KOOSTISOSAD:
- 2 tassi Carnaroli riisi
- Juurvilja varu
- Safrani pulber
- ½ tassi soolamata võid
- 4 untsi Grana Padano juustu, riivitud
- 1 unts Gorgonzola juustu
- 7 untsi kooritud kreeka pähkleid
- 3 ½ tassi riivsaia
- 4 suurt muna
- Universaalne jahu
- Maapähkliõli praadimiseks

JUHISED:
VALMISTA SAFRONRISOTTO:
a) Keeda Carnaroli riis köögiviljapuljongi ja safranipulbriga.
b) Kui riis on keedetud, sega juurde soolamata või ja riivitud Grana Padano juust. Risotto peaks olema veidi kuiv. Laota see alusele ja lase jahtuda.

KUJUTA ARANCINI:
c) Lusikaga umbes ¼ tassi risotot peopessa ja tasandage see umbes 2 tolli läbimõõduks.
d) Lamendatud risoto keskele asetage tükk Gorgonzola juustu ja mõned kreeka pähklid.
e) Vormi see klassikaliseks arancino-vormiks, mis võib olla palli- või koonusekujuline.
f) Aseta vormitud arancini küpsetusplaadile. Korrake seda protsessi ülejäänud risoto, Gorgonzola ja kreeka pähklitega.
g) Valage maapähkliõli praepannile ja kuumutage seda keskmisel kuumusel, kuni see jõuab 350 ° F-ni.

KATETE ETTEVALMISTAMINE:
h) Vooderda ahjuplaat küpsetuspaberiga.
i) Aseta riivsai madalasse kaussi.
j) Asetage universaalne jahu teise madalasse kaussi.
k) Klopi munad kolmandas kausis lahti.
l) Kastke ükshaaval riisipallid jahusse, raputage üleliigne maha.
m) Kasta need lahtiklopitud muna sisse.
n) Lõpuks katke need riivsaiaga, vajutades õrnalt, et riivsai nakkuks, ja asetage need ettevalmistatud ahjuplaadile.

Praadida ARANCINI:
o) Kui õli temperatuur on 350 °F, prae riisipallid väikeste portsjonitena, kuni need muutuvad kuldpruuniks, mis peaks võtma umbes 6–9 minutit.
p) Tõsta praetud arancini lusikaga paberrätikutega vooderdatud taldrikule nõrguma. Maitsesta need soolaga.
q) Korrake seda protsessi ülejäänud riisipallidega.
r) Serveeri Gorgonzola ja Walnut Arancini, kui need on kuumad.
s) Nautige oma maitsvat Gorgonzola ja Walnut Arancinit!

22. Kuivatatud sinkja männipähklid Arancini

Mark: 12 Arancini

KOOSTISOSAD:
- 3 tassi köögiviljapuljongit
- 2 spl oliiviõli
- 1 sibul, peeneks hakitud
- 1 küüslauguküüs, purustatud
- 6 viilu prosciutto, tükeldatud
- ¼ tassi piinia pähkleid
- 1 tass arborio riisi
- ½ tassi külmutatud herneid
- ⅓ tassi hakitud peterselli
- ⅓ tassi riivitud parmesani
- 250 grammi mozzarellat, lõigatud 1 cm kuubikuteks
- ½ tassi tavalist jahu
- 2 muna, kergelt lahtiklopitud
- 2 tassi kuivatatud riivsaia
- Taimeõli, friteerimiseks
- Serveerimiseks sidrunimajonees

JUHISED:
a) Kuumuta keskmises kastrulis köögiviljapuljong keema.
b) Kuumuta oliiviõli suures kastrulis keskmisel kuumusel. Prae peeneks hakitud sibulat ja purustatud küüslauku 2–3 minutit või kuni need on pehmed. Lisa hakitud Kuivatatud sinkja piiniapähklid ning küpseta segades veel 2–3 minutit.
c) Suurendage kuumust kõrgeks. Lisa arborio riis ja sega 1–2 minutit, veendudes, et riis on korralikult kaetud. Lisage kuum puljong, 1 tassi kaupa, pidevalt segades umbes 20 minutit, kuni kogu vedelik on imendunud ja riis on pehme.
d) Lisa külmutatud herned, hakitud petersell ja riivitud parmesan. Maitsesta soola ja pipraga. Laota risoto ahjuplaadile. Kata ja tõsta kõrvale, et see täielikult jahtuda.
e) Vooderda ahjuplaat küpsetuspaberiga. Vormi ¼ tassi risotot pallideks, torka iga palli keskele tükk mozzarellat ja vormi need ümber. Veereta pallikesi jahus, siis kasta lahtiklopitud munasse ja määri riivsaias. Asetage kaetud arancini ettevalmistatud alusele. Jahuta 15 minutit.
f) Kuumuta sügavas kastrulis kõrgel kuumusel taimeõli, kuni leivakuubik hakkab kohe särisema. Küpseta risotopalle portsjonitena 2-3 minutit, kuni need muutuvad kuldseks. Serveeri Kuivatatud sinkja Pine Nut Arancini sidrunimajoneesiga.

23. Šokolaad-sarapuupähkel Arancini

Valmistab: 12 riisipalli

KOOSTISOSAD:
- 4 tassi vett
- ½ pulka (¼ tassi) soolamata võid
- Kosher sool
- 4 tassi kooritud piima
- 1 ¾ tassi suhkrut
- 2 vaniljekaunat, poolitatud ja seemned kraabitud
- 2 kaneelipulka
- 2 ½ tassi Arborio riisi
- 1 tass šokolaadi sarapuupähklimääret (soovitatav: Nutella)
- ½ tassi jahu
- ½ tassi tavalist kuivatatud riivsaia
- 8 tassi taimeõli
- ½ tl jahvatatud kaneeli

JUHISED:

a) Kuumuta keskmises kastrulis 3 ½ tassi vett ja võid keemiseni. Maitsesta näpuotsatäie soolaga.

b) Kuumutage eraldi keskmises kastrulis lõss, 1,5 tassi suhkrut, poolitatud vanillikaunad ja seemned koos kaneelipulkadega keskmisel-madalal kuumusel.

c) Kui vesi keeb, lisa Arborio riis. Keeda aeg-ajalt segades, kuni suurem osa veest on riisi imendunud, selleks peaks kuluma umbes 15 minutit.

d) Kurna piimasegu riisi hulka. Küpseta sageli segades, kuni riis on pehme, umbes 10–15 minutit.

e) Laota keedetud riis suure äärega ahjuplaadile jahtuma. Hoidke seda külmkapis vähemalt 2 tundi või kuni üleöö.

f) Aseta sarapuupähklimääre (Nutella) kondiitrikotti. Toruge vahapaberiga vooderdatud taldrikule 12 (1-tolline) suutäis. Tõsta taldrik sügavkülma ja pane sügavkülma, kuni sarapuupähklimääre on tahke, selleks peaks kuluma umbes 1 tund.

g) Vormi jahtunud riisist ½ tassi mõõtu kasutades pallikesed. Pista igasse pallikesesse osa külmutatud sarapuupähklimääret. Korrake protsessi ülejäänud riisi ja sarapuupähklimäärdega.

h) Vahusta suures kausis ½ tassi jahu ja ½ tassi vett ühtlaseks massiks; see peaks olema petipiima konsistentsiga.

i) Aseta riivsai madalasse nõusse. Kasta iga riisipall taignasse, raputades maha üleliigne ja veereta seejärel riivsaias. Korrake ülejäänud riisipallidega.

j) Kuumutage Hollandi ahjus või muus suures potis taimeõli temperatuurini 350 kraadi Fahrenheiti järgi. Laske riisipallid 2–4 arancini kaupa lõhikuga lusikaga kuuma õli sisse, olge ettevaatlik, et te panni ei tungleks.

k) Prae arancinit aeg-ajalt keerates, kuni need muutuvad kuldseks, mis peaks võtma 3–5 minutit. Aseta arancini paberrätikuga vooderdatud taldrikule nõrguma.

l) Segage väikeses kausis ülejäänud ¼ tassi suhkrut 1 tl jahvatatud kaneeliga. Veereta soe arancini kaneelisuhkrus.

SEEN- JA TRUFFLI ARANCINI

24. Jaapani Arancini

Valmistamine: 25 tükki

KOOSTISOSAD:
- 1½ untsi shiitake seeni, kuivatatud
- 5 tassi külma vett
- ¼ tassi misopastat
- 2 spl rapsiõli, lisaks veel praadimiseks
- ½ suurt valget sibulat, peeneks hakitud
- ½ tl koššersoola
- 3 küüslauguküünt, hakitud
- 1 värske ingver, kooritud ja hakitud
- ¾ tassi Jaapani lühiteralist riisi
- ⅓ tassi kuiva sake
- ¾ tassi parmesani juustu, värskelt riivitud
- 2 rohelist sibulat, õhukeselt viilutatud
- ¾ tassi universaalset jahu
- 3 suurt muna, lahtiklopitud
- 1½ tassi panko riivsaia

JUHISED:
a) Sega suurel pannil kõrgel kuumusel shiitake seened ja vesi ning kuumuta keemiseni. Alanda kuumust keskmisele-madalale ja hauta umbes 20 minutit, kuni seened on muutunud pehmeks ja pehmeks.
b) Tõsta pott tulelt ja nõruta seened paari kihi paberrätikuga vooderdatud peene silmaga sõelal (see püüab kinni seentel olla võinud mustuse), mis on seatud keskmise poti kohale puljongi kinni püüdma. Lase seentel veidi jahtuda.
c) Klopi misopasta seenepuljongisse lahustumiseni. Kata pott kaanega, et puljong soojas püsiks.
d) Kui seened on käsitsemiseks piisavalt jahedad, lõigake varred ära ja visake ära, seejärel lõigake seenekübarad peeneks. Kõrvale panema.
e) Kuumuta suurel pannil keskmisel kuumusel 2 supilusikatäit rapsiõli. Kui õli hakkab läikima, lisage sibul ja ½ tl soola ning küpseta sageli segades, kuni sibul on pehme.
f) Lisa küüslauk ja ingver ning küpseta sageli segades, kuni need on pehmenenud. Sega hulka kuubikuteks lõigatud seened.
g) Segage riis ja röstige 1–2 minutit, sageli segades, kuni see lõhnab ja hakkab pruunistuma.

h) Lisage sake ja küpseta, kuni see on täielikult aurustunud, aeg-ajalt segades.
i) Alandage kuumust keskmiselt madalale, lisage 1 tass sooja seenepuljongit ja segage segu. Keeda sageli segades, kuni puljong on täielikult imendunud.
j) Jätkake puljongi lisamist ½ tassi kaupa, pidevalt segades kokku 25–35 minutit, kuni riis on al dente.
k) Tõsta pann tulelt ja sega hulka parmesani juust. Sega õrnalt hulka roheline sibul ja maitsesta soolaga.
l) Laota risoto ühtlase kihina küpsetuspaberiga kaetud ahjuplaadile. Laske veidi jahtuda, seejärel katke kilega ja jahutage, kuni see on täielikult jahtunud. See võtab aega vähemalt 2 tundi, kuid kuni üleöö.
m) Lisa jahu, munad ja riivsai 3 erinevasse madalasse nõusse.
n) Tõsta jahtunud risotosegust kuhjaga supilusikatäit ja rulli pallideks. Töötades ükshaaval, uputage riisipallid esmalt jahusse, seejärel munadesse ja lõpuks riivsaiasse.
o) Aseta paneeritud riisipallid tagasi samale ahjuplaadile. Jahutage õli kuumutamise ajal külmkapis.
p) Täitke suur pott poolenisti rapsiõliga ja kuumutage keskmisel kõrgel kuumusel, kuni see jõuab 350 kraadini F.
q) Partiidena töötades prae riisipallid kuumas õlis kuldpruuniks, aeg-ajalt keerates. Tõsta küpsetusplaadile asetatud restile nõrguma.

25. Trühvli Arancini

KOOSTISOSAD:
- 400 g Arborio riisi
- 100 g riivitud parmesani
- 6 muna, lahtiklopitud
- Taimeõli sügavpraadimiseks
- 75 g tavalist jahu
- 100g Panko riivsaia
- 100 g Gorgonzolat (või teie lemmikjuustu)
- 15 g värsket musta trühvlit või hakitud musta trühvlit (nõrutatud)

JUHISED:
a) Keeda riisi soolaga maitsestatud keevas vees umbes 15 minutit (järgige pakendil olevaid juhiseid), nõruta hästi ja pane kõrvale jahtuma.
b) Lisa parmesan, ⅔ lahtiklopitud munadest ning maitsesta soola ja pipraga. Kombineeri segades, seejärel laota segu alusele ja jahuta külmikus.
c) Segage eraldi kausis Gorgonzola (või teie valitud juust) ja trühvel. Katke ja asetage kõrvale.
d) Võtke suur supilusikatäis riisisegu, tasandage see lusikaseljaga, täitke see poole teelusikatäie trühvlijuustuseguga ja vormige selle ümber riis, et saada täidetud riisipall. Korrake seda protsessi ülejäänud riisi ja trühvli seguga, tehes umbes 24 riisipalli.
e) Pane jahu, ülejäänud lahtiklopitud muna ja riivsai kolme eraldi madalasse kaussi. Veereta Arancini ükshaaval jahus, seejärel kasta need munasse ja lõpuks riivsaia sisse. Hoia vajaduseni külmkapis.
f) Kuumutage taimeõli temperatuurini 180 °C (356 °F). Prae Arancini trühvlit väikeste portsjonitena (3–4 korraga) umbes 4–5 minutit, kuni need on kuldsed ja krõbedad.
g) Nõruta Arancini paberrätikutel ja serveeri, kuni need on seest soojad ja sulavad.
h) Nautige oma maitsvat trühvli Arancinit!

26. Safran ja kukeseened Arancini

KOOSTISOSAD:
- 1 pakk Saffron & Chanterelle Risotto, valmistatud ja jahutatud
- 1 ½ tassi universaalset jahu
- 1 ½ tassi vett
- 3 tassi panko leivapuru
- Taimeõli, praadimiseks

JUHISED:
a) Veereta jahutatud risoto umbes 1-tollise läbimõõduga pallideks (umbes 1 kuhjaga supilusikatäis riisi palli kohta).
b) Valmistage keskmises kausis läga, vahustades vett ja jahu, kuni tükke ei jää – lisage vajadusel vett, et saada paks ja sile tekstuur.
c) Valage panko suurde kaussi.
d) Täitke sügav pott 2–3 tolli õliga ja soojendage seda temperatuurini 375 kraadi Fahrenheiti (190 kraadi Celsiuse järgi).
e) Kasta risotopallid jahupudrusse, seejärel veereta neid pankos.
f) Laske paneeritud arancini pallid õrnalt kuuma õli sisse ja prae kuni need muutuvad kuldseks, umbes 3 minutit.
g) Tõsta praetud arancini paberrätikutele, et liigne õli välja voolaks.
h) Serveeri safranit ja kukeseent Arancini soojalt.
i) Nautige oma krõmpsuvat, kreemjat ja maitsvat arancinit!

27. Porcini Seene Arancini

Mark: 28-30 Arancini

KOOSTISOSAD:
RISOTTO KOHTA:
- 10 grammi kuivatatud porcini seeni
- 2 supilusikatäit oliiviõli
- 25 grammi võid
- 2 sibulat, tükeldatud
- 4 küüslauguküünt, purustatud
- 300 grammi arborio riisi
- 100 grammi kastaniseeni, peeneks hakitud
- 1 köögiviljapuljongi pott
- 100 grammi parmesani juustu, peeneks riivitud
- 1x 150-grammine mozzarellapall, nõrutatud ja kuubikuteks lõigatud
- Taimeõli praadimiseks
- Puistamiseks helbeline meresool
- Värske taimetoitlane pesto

KATTIMA:
- 50 grammi tavalist jahu
- 2 suurt muna, lahtiklopitud
- 100 grammi pankot või muud kuivatatud riivsaia

JUHISED:

a) Valmista risoto eelmisel päeval ja jahuta.
b) Arancini pallid saab valmistada ja eelnevalt jahutada või külmutada kuni 1 kuu (enne praadimist sulatada).
c) Kui praadite paar tundi ette, soojendage arancinit 12-15 minutit ahjus, mis on eelsoojendatud temperatuurini 200 °C, ventilaator 180 °C, gaas 6.
d) Rehüdreerige puravikud, kattes need väikeses kausis keeva veega. Jätke need 20 minutiks seisma, kuni hakkate risotot valmistama, seejärel nõrutage, jättes vesi alles, ja tükeldage porcini.
e) Kuumuta suurel pannil õli ja või. Küpsetage sibulaid, kuni need muutuvad läbipaistvaks, seejärel lisage küüslauk ja küpseta umbes minut.
f) Lisa arborio riis, sega, seejärel lisa värsked seened ja tükeldatud puravikud. Küpseta paar minutit. Lahusta köögiviljapuljongipott 1 liitris keevas vees suures mõõtkannus.
g) Lisa riisile puravike leotusvesi (viska ära viimane tükk vedelikku, mis võib olla sõmer), seejärel lisa kulbitäie haaval puljong, pidevalt segades ja oota, kuni iga kulbitäis on imendunud, enne kui lisad. Riis peaks olema korralikult keedetud, ilma kriidise sisemuseta. Lõpetage puljongi lisamine, kui enam ei imendu.
h) Sega risoto hulka parmesani juust. Maitse ja maitsesta. Laota risoto alusele ja jäta toatemperatuurile jahtuma. Sega hulka mozzarella ja jahuta seejärel.
i) Veereta jahtunud risoto pingpongisuurusteks pallideks – peaks saama umbes 28.
j) Seadke monteerimisliin. Kasta iga arancini esmalt jahusse, seejärel lahtiklopitud munasse ja lõpuks riivsaiasse.
k) Kuumuta õli suurel sügaval pannil 180°C-ni – või seni, kuni paar tilkunud puru särisema hakkavad. Küpseta arancinit väikeste portsjonitena 4–5 minutit, uputades neid õlisse, kuni need muutuvad kuldseks. Nõruta majapidamispaberil ja puista soolaga enne serveerimist koos pestoga kastmiseks.

TERA ARANCINI

28. Üleöö Grits Arancini

KOOSTISOSAD:
- 2 tassi üleöö kruupe või muud keedetud teravilja
- 1½ tassi seeneraguud või muud segu
- ⅓ tassi riivitud parmesani juustu
- 4 suurt muna, jagatud
- 1 tass jahu
- 1 tass peent riivsaia
- Kosher sool
- Taimeõli, praadimiseks

JUHISED:
a) Asetage tangud suurde mikrolaineahjukindlasse kaussi koos seeneraguuga. Küpseta mikrolaineahjus, kuni see on servadest pehmenenud, umbes 2 minutit, ja sega ühtlaseks.
b) Kui aurutatakse kuumalt, laske kruupidel jahtuda, kuni need on veidi soojad, enne kui voldige parmesani ja 1 lahtiklopitud muna hulka. Jaotage segu madala küpsetusnõu põhja, katke kilega ja jahutage külmkapis 1–2 tundi, kuni see on külm ja kõva.
c) Klopi keskmises kausis lahti ülejäänud 3 muna. Asetage jahu teise keskmise kaussi ja riivsai koos näpuotsatäie soolaga kolmandasse keskmisse kaussi.
d) Vooderda ahjuplaat küpsetuspaberiga. Võtke 2 spl portsjonit tangudest ja rullige need pallideks (niisutage käsi, et need ei kleepuks). Veereta iga pall jahus, seejärel tõsta munaga kaussi ja veereta kahe kahvliga, et see oleks täielikult kaetud. Tõsta arancini kahvlite abil riivsaia kaussi ja keera uuesti katteks rulli. (Olete sooritanud paneerimisprotseduuri "kuiv-märg-kuiv", mis on kuldstandardi tehnika paneerimiseks!) Asetage paneeritud arancini ettevalmistatud küpsetusplaadile.
e) Kuumuta suur malmist pann keskmisel kuumusel; lisage nii palju taimeõli, et see oleks ½ tolli sügav. Kui õli on kuum, kuid ei suitse, asetage arancini ettevaatlikult pannile ja küpsetage, muutes need pruuniks, kuni see on krõmpsuv ja GBD (kuldpruun ja maitsev) umbes 8 minutit, reguleerides kuumust vajalik, et need üle ei pruunistuks.
f) Tõsta arancini paberrätikuga vooderdatud alusele nõrguma. Maitsesta kuumalt soolaga ja serveeri kohe, kui need on käsitsemiseks piisavalt jahedad.
g) Nautige üleöö Grits Arancinit!

29. Küpsetatud Quinoa Arancini

Valmistab: 6 palli

KOOSTISOSAD:
- 2 tassi keedetud kinoat
- ¾ tassi hakitud mozzarella juustu
- ¼ tassi riivitud parmesani juustu
- 1 tl kuivatatud basiilikut
- ½ tl musta pipart
- 1 muna
- 1 tass panko riivsaia
- Marinara kaste

JUHISED:
a) Kuumuta ahi 375 kraadini.
b) Pihustage suur malmpann mittenakkuva pihustiga või vooderdage küpsetusplaat fooliumiga ja katke see mittenakkuva pihustiga. Pange see kõrvale.
c) Lisage kinoa mikrolaineahjus kasutatavasse kaussi ja küpseta kõrgel temperatuuril 2 minutit või kuni see on kuum.
d) Sega mozzarella ja parmesan kuni sulamiseni. Lase külmikus jahtuda.
e) Kui kinoa on jahtunud, sega juurde muna, basiilik ja pipar.
f) Lisa riivsai suurele taldrikule.
g) Vormi kinoa 6 palliks, vajuta tugevalt, et nende kuju püsiks.
h) Veeretage iga pall riivsaias ja lisage need ettevalmistatud ahjuplaadile või pannile.
i) Küpseta eelkuumutatud ahjus 10-15 minutit või kuni need on kuldpruunid ja krõbedad.
j) Serveeri sooja marinara kastmega.
k) Nautige küpsetatud Quinoa Arancini riisipalle!

30. Suhkrumais Arancini

Valmistab: 12 arancinit

KOOSTISOSAD:
- ½ supilusikatäit õli
- ¾ tassi Arborio riisi
- ½ keskmise suurusega sibulat
- ½ purustatud küüslauguküünt
- 1 pulk peeneks hakitud sellerit
- 2 ½ tassi köögiviljapuljongit (625 ml)
- ½ supilusikatäit (2 teelusikatäit) kuivatatud pune
- ½ tl soola
- 40 grammi peeneks riivitud parmesani
- 1 purk suhkrumaisi tuuma (125 g)
- 60 grammi riivitud mozzarellat
- 2 supilusikatäit segatud värskeid ürte (nt petersell ja pune)
- 2 muna
- 1 tass riivsaia
- ½ tassi tavalist jahu
- Köögivilja- või riisikliiõli friteerimiseks

JUHISED:

a) Alustuseks pange puljong väikesesse kastrulisse ja laske sellel vaikselt keema tõusta. Hoidke kaas peal, et vältida aurutamist, kuid veenduge, et see jääks hilisemaks kasutamiseks soojaks.

b) Kuumuta pannil õli ja prae sibulat, küüslauku ja sellerit madalal kuni keskmisel kuumusel, kuni need pehmenevad. Vältige nende pruunistamist.

c) Lisa sibulasegule Arborio riis ja küpseta segades umbes minut, kuni riis muutub kergelt läbipaistvaks. Lisage ½ tl soola ja pune, seejärel segage hoolikalt.

d) Lisage riisisegule järk-järgult kulbitäis (umbes 125 ml/½ tassi) keevat puljongit. Sega puulusikaga pidevalt, kuni riis kogu puljongi endasse võtab.

e) Jätkake seda protsessi, lisades üks kulbitäis korraga, pidevalt segades ja laske igal puljongil enne järgmise lisamist imenduda. See peaks kesta umbes 15 minutit või seni, kuni riis on pehme, kuid siiski veidi tahke ja mitte pudrune.

f) Sega hulka parmesan ja suhkrumais, seejärel tõsta segu puhtasse kaussi ja pane 1-2 tunniks külmkappi, kuni see täielikult jahtub. Külmiku abil saate jahutamist kiirendada, kuid veenduge, et see ei külmuks.

g) Kui see on täielikult jahtunud, lisa segatud ürdid, mozzarella ja 1 muna. Segage hoolikalt, kuni see on hästi segunenud.

h) Seadke kolm kaussi: üks riivsaiaga, teine jahuga ja teine ülejäänud lahtiklopitud munaga. Vormi umbes 3 supilusikatäit risotosegust palliks (selleks sobib hästi keskmise suurusega jäätiselusikas). Korrake seda protsessi, kuni teil on 12 ühtlast palli.

i) Veereta risotopalle esmalt jahus, seejärel munas ja lõpuks riivsaias. Teie arancini pallid on nüüd friteerimiseks valmis. Asetage need küpsetusplaadile ja jahutage külmikus 30 minutit.

j) Kuumuta õli suures potis umbes 5 cm sügavuselt ja kuumuta keskmisel-kõrgel kuumusel 190 °C-ni. Lisa kuumale õlile 4-5 arancini palli ja küpseta umbes 4 minutit, aeg-ajalt keerates, kuni need omandavad sügavkuldse värvuse. Tõsta need paberrätikutele asetatud restile nõrguma. Korrake seda protsessi, kuni kõik arancini pallid on keedetud. Serveeri ja naudi!

31. Cheddari ja pruuni riisi Arancini

Valmistab: 4 portsjonit

KOOSTISOSAD:
- 2 tassi keedetud lühikeseteralist pruuni riisi
- ½ tassi riivitud teravat Cheddari juustu
- 1 väike sibul, peeneks hakitud
- 2 hakitud küüslauguküünt
- ½ tl suitsupaprikat
- ½ tl jahvatatud köömneid
- ½ tl koššersoola
- ½ tl värskelt jahvatatud musta pipart
- 2 muna
- 1 tass panko riivsaia
- Õli praadimiseks (avokaado, safloor jne)

JUHISED:
a) Sega kausis keedetud pruun riis, riivitud Cheddari juust, peeneks hakitud sibul, hakitud küüslauk, suitsupaprika, jahvatatud köömned, koššersool ja värskelt jahvatatud must pipar. Lisage üks muna ja segage, kuni see on hästi segunenud.
b) Valmistage kaks väikest kaussi. Ühte kaussi lisa ülejäänud muna ja teise kaussi panko riivsai. Klopi lahti muna ja lisa riivsaiale näpuotsaga soola ja pipart. Segage.
c) Jaga riisisegu küpsisekulbi või käte abil 8 võrdse suurusega palliks.
d) Veereta iga riisipalli esmalt lahtiklopitud munas ja seejärel riivsaias. Asetage kaetud pallid lehtpannile.
e) Pane pallid umbes 20 minutiks sügavkülma, kuni need tahkuvad.
f) Kui olete küpsetamiseks valmis, lisage sügavale pannile umbes 2 tolli õli ja kuumutage seda, kuni see saavutab umbes 350 kraadi Fahrenheiti (175 kraadi Celsiuse järgi).
g) Lisa riisipallid ettevaatlikult kuumale õlile ja küpseta neid keerates, et kõik küljed oleksid ühtlaselt küpsed. Jätkake küpsetamist, kuni need muutuvad meeldivalt kuldpruuniks. Kui see on valmis, viige arancini paberrätikutele, et liigne õli tühjendada.
h) Serveerige Cheddari ja pruuni riisi Arancinit kohe koos soovitud lisanditega. Nautige!

32. Spinat ja odra Arancini

Valmistab: 6 portsjonit

KOOSTISOSAD:
- 2 tassi keedetud otra, risotot, riisi, kinoat või mõnda muud keedetud teravilja
- 1 tass hakitud mozzarellat
- ½ tassi riivitud parmesani juustu
- 1 muna
- 6 untsi beebispinatit või külmutatud spinatit (sulatatud ja nõrutatud)
- koššersool, maitse järgi
- Must pipar, maitse järgi
- 1 tass riivsaia
- 2 supilusikatäit ekstra neitsioliiviõli
- Marinara kaste dippimiseks (valikuline)

JUHISED:

a) Kui kasutate värsket spinatit, aurutage seda, kuni see on täielikult närbunud, seejärel pigistage võimalikult palju vedelikku välja. Kui kasutad külmutatud spinatit, sulata see üles ja nõruta korralikult.

b) Sega keskmises segamiskausis kõik koostisosad peale riivsaia ja oliiviõli.

c) Sega madalas tassis või kausis riivsai oma maitse järgi soola ja pipraga.

d) Veereta segust pallikesed, nagu lihapallid, ja määri need riivsaiaga. Asetage need pärgamendiga kaetud ahjuplaadile.

e) Sel hetkel võite neid hoida külmkapis, kuni olete valmis küpsetama, või kiirkülmutada, et hoida neid sügavkülmas kuni 6 kuud.

f) Kui olete valmis küpsetama, niristа arancini kahe supilusikatäie oliiviõliga ja küpseta 375 °F (190 °C) juures pärgamendiga kaetud küpsetusplaadil 20 minutit.

g) Serveeri ahjuspinati ja odra arancinit soovi korral dippimiseks marinara kastmega. Nautige neid tervislikke ja maitsvaid maiustusi!

33. Kuskuss Arancini

Mark: 12

KOOSTISOSAD:
- 1 tass pärlikuskussi
- 1 ¼ tassi vett
- ¼ teelusikatäit soola
- ¼ tassi ürtidega riivsaia
- ⅓ tassi hakitud mozzarellat
- 15-20 pärlmozarella palli
- Maitsestamiseks soola ja pipart
- 2-3 supilusikatäit ribadeks hakitud basiilikut
- Õli praadimiseks

JUHISED:
KUSKUSSI VALMISTAMISEKS:
a) Sega keskmises kastrulis kuskuss, vesi ja sool. Kuumuta see keema.
b) Alanda kuumust ja hauta 10-12 minutit, kuni kogu vesi on aurustunud.
c) Eemaldage tulelt ja katke kaanega 5 minutit.
d) Laota kuskuss küpsetuspaberiga kaetud ahjuplaadile ja tõsta 1-2 tunniks külmkappi.

ARANCINI KOKKUVÕTE:
e) Sega kausis jahtunud kuskuss, rebitud mozzarella, riivsai, sool ja pipar. Sega hästi.
f) Vormi segust kerakesed. Tee igasse arancini sisse taane ja täida 1-2 pärlmozzarella palliga. Sulgege õmblus ja rullige korralikult, et mozzarella praadimise ajal välja ei imbuks.

ARANCINI praadimine:
g) Lisa paksupõhjalisele pannile nii palju õli, et see kataks potti umbes ½ tolli. Kuumutage õli temperatuurini 350 kraadi Fahrenheiti (175 kraadi Celsiuse järgi).
h) Lisa arancini partiidena kuuma õli sisse ja prae umbes 4 minutit või kuni need muutuvad igast küljest kuldpruuniks.
i) Eemaldage arancini õlist lusikaga ja nõrutage need paberrätikutele.

KOOSTAMINE JA TEENINDAMINE:
j) Soojendage väikeses kastrulis ¼ tassi marinara kastet.
k) Lisa taldriku põhja väike kogus marinarat ja tõsta peale sooja Couscous Arancini.
l) Kaunista värskelt hakitud basiilikuga.
m) Serveeri Couscous Arancini, kui see on veel soe, ja naudi seda maitsvat maiust!

34. Riis Arancini

KOOSTISOSAD:
- ½ tassi hakitud sibulat
- 2 spl Võid
- 1 tass kuumtöötlemata pikateralist riisi
- 2¼ tassi kanapuljongit
- 2 spl hakitud värsket peterselli
- 1 muna, kergelt pekstud
- ½ tassi riivitud parmesani juustu
- 1 tl Kuivatatud basiilikut
- ¼ teelusikatäit pipart
- ½ tassi kuiva leivapuru
- Toiduõli
- Täiendav värske petersell, valikuline

JUHISED:
a) Prae suures potis sibul võis pehmeks. Lisa riis; hauta 3 minutit.

b) Sega puljong ja petersell; lase keema tõusta. Vähendage kuumust; katke kaanega ja hautage 20 minutit. Jahuta 30 minutit. Sega juurde muna, juust, basiilik ja pipar.

c) Niisutage käsi veega ja vormige ¼ tassitäit palgid.

d) Veereta purus. Kuumutage elektripannil ¼ tolli õli temperatuurini 365.

e) Prae Arancinit paar tükki korraga 3–4 minutit või kuni see on krõbe ja kuldne, sageli keerates.

f) Nõruta paberrätikutel. Soovi korral kaunista peterselliga.

35. Risotto Arancini

KOOSTISOSAD:
RISOTTO Arancini:
- 4 spl soolata võid
- 1 väike kollane sibul, hakitud
- 1 tass Arborio riisi
- 3½ tassi kanapuljongit
- ½ tassi kuiva valget veini
- 3 muna
- 1 sidruni koor
- ½ tassi riivitud parmesani juustu
- 2 untsi (57 g) värsket Mozzarella juustu
- ¼ tassi herneid
- 2 spl vett
- ½ tassi universaalset jahu
- 1½ tassi panko leivapuru
- Koššersool ja jahvatatud must pipar, maitse järgi
- Toiduvalmistamise pihusti

TOMATI KASTE:
- 2 spl ekstra neitsioliiviõli
- 4 küüslauguküünt, hakitud
- ¼ tl punase pipra helbeid
- 1 (28 untsi / 794 g) purk purustatud tomateid
- 2 tl granuleeritud suhkrut
- Koššersool ja jahvatatud must pipar, maitse järgi

JUHISED:

a) Sulata või potis keskmisel kuumusel, seejärel lisa sibul ja maitse järgi soola. Prae 5 minutit või kuni sibul on läbipaistev.
b) Lisa riis ja sega, et see kataks hästi. Küpseta 3 minutit või kuni riis on kergelt pruunistunud. Vala sisse kanapuljong ja vein.
c) Kuumuta keemiseni. Seejärel küpseta 20 minutit või kuni riis on pehme ja vedelik on peaaegu imendunud.
d) Valmista risoto: Kui riis on keedetud, murra muna potti. Lisa sidrunikoor ja parmesani juust. Puista peale soola ja jahvatatud musta pipart. Sega hästi segunemiseks.
e) Vala risotto ahjuplaadile, seejärel tasanda spaatliga, et risotto ühtlaselt laiali jaotuks. Mähi küpsetusplaat kilesse ja pane tunniks ajaks külmkappi.
f) Samal ajal kuumuta oliiviõli kastrulis keskmisel kuumusel, kuni see hakkab läikima.
g) Lisa küüslauk ja puista peale punase pipra helbed. Prae minut või kuni lõhnab.
h) Lisa purustatud tomatid ja puista üle suhkruga. Sega hästi segunemiseks. Kuumuta keemiseni. Alandage kuumust ja hautage 15 minutit või kuni see on kergelt paksenenud. Puista maitse järgi soola ja pipart. Tõsta kõrvale, kuni oled serveerimiseks valmis.
i) Tõsta risoto külmkapist välja. Lõika risoto kaheteistkümneks 2-tolliseks palliks, seejärel tasandage pallid kätega.
j) Asetage iga lamestatud palli keskele umbes ½-tolline tükk mozzarellat ja 5 hernest, seejärel keerake need tagasi pallidesse.
k) Tõsta pallid küpsetuspaberiga kaetud ahjuplaadile, seejärel tõsta 15 minutiks või kuni tahkeks külmkappi.
l) Vahusta kausis ülejäänud 2 muna 2 spl veega. Valage jahu teise kaussi ja valage panko kolmandasse kaussi.
m) Suru risotopallid esmalt jahukaussi, seejärel munadesse ja seejärel pankosse. Raputa üleliigne maha.
n) Tõsta pallid ahjupannile ja piserda küpsetuspritsiga.
o) Lükake küpsetuspann resti asendisse 1, valige konvektsioonküpsetus, seadke temperatuur 205 °C (400ºF) ja määrake ajaks 10 minutit.
p) Keerake pallid poole küpsetusaja jooksul ümber.
q) Kui küpsetamine on lõppenud, peaksid pallid olema kuldpruunid.
r) Serveeri risotopallid koos tomatikastmega.

36. Kinoa ja kartul Arancini

KOOSTISOSAD:
- 1 tass keedetud kinoat
- 1 tass kartulipüree
- ½ tassi riivitud Cheddari juustu
- ¼ tassi peeneks hakitud sibulat
- 2 küüslauguküünt, hakitud
- 1 tl jahvatatud köömneid
- ½ tl paprikat
- ¼ tassi hakitud värsket peterselli või koriandrit
- Sool ja pipar maitse järgi
- ½ tassi universaalset jahu
- 2 suurt muna, lahtiklopitud
- 1 tass riivsaia
- Taimeõli praadimiseks

JUHISED:
a) Segage suures segamiskausis keedetud kinoa, kartulipuder, riivitud Cheddari juust, hakitud sibul, hakitud küüslauk, jahvatatud köömned, paprika ja hakitud petersell või koriander.
b) Sega hästi, kuni kõik koostisosad on ühtlaselt jaotunud.
c) Maitsesta segu maitse järgi soola ja pipraga. Maitsesta ja maitsesta vastavalt vajadusele.
d) Võtke supilusikatäis kinoa ja kartuli segu ja vormige see väikeseks Arancini'iks.
e) Veereta iga Arancini jahus, raputades maha üleliigne jahu.
f) Kastke Arancini lahtiklopitud munadesse, tagades, et need on ühtlaselt kaetud.
g) Veereta kaetud Arancini riivsaias, vajutades riivsaia õrnalt pinnale kinni.
h) Kuumuta sügaval praepannil keskmisel kuumusel taimeõli. Prae Arancini partiide kaupa, kuni need muutuvad pealt kuldpruuniks ja krõbedaks. See peaks kestma umbes 3-4 minutit ühe külje kohta.
i) Eemaldage küpsenud Arancini lusikaga ja asetage need paberrätikutega vooderdatud taldrikule, et liigne õli imada.
j) Serveeri kinoa ja kartuli-Arancini kuumalt maitsva eelroana või lisandina. Saate neid siduda oma lemmikdipikastmega, näiteks tzatziki, salsa või vürtsika majoneesiga.

37. Must uba ja pähkel Arancini

KOOSTISOSAD:
- ¾ tassi kreeka pähkli tükke
- roheline sibul, hakitud
- 2 spl värsket peterselli, jämedalt hakitud
- 1 tass keedetud või konserveeritud musti ube, nõrutatud, loputatud ja kuivatatud
- 1 spl sojakastet
- 1/2 tassi nisugluteeni jahu (elutähtis nisugluteen)
- 1 tl kuivatatud soolast
- Sool ja värskelt jahvatatud must pipar
- 1/2 tassi kuiva maitsestamata leivapuru
- 2 spl oliiviõli

JUHISED:
a) Sega köögikombainis kreeka pähklid, roheline sibul ja petersell ning töötle kuni see on peeneks jahvatatud. Lisage mustad oad, sojakaste, jahu, soolased ning maitse järgi soola ja pipart. Töötle, kuni see on ühtlane ja hästi segunenud.

b) Vormi segust kätega 8 väikest pätsikest. Asetage leivapuru madalasse kaussi. Süvendage Arancini purudesse, kuni need on kaetud, ja asetage need taldrikule. Külmkapis tahenema, umbes 20 minutit.

c) Kuumuta suurel pannil õli keskmisel kuumusel. Lisa Arancini ja küpseta mõlemalt poolt pruuniks, umbes 5 minutit mõlemalt poolt. Serveeri kohe.

38. Metsik riis ja hirss Arancini

KOOSTISOSAD:
- ¾ tassi keedetud hirssi
- 1/2 tassi keedetud metsikut riisi
- 2 spl oliiviõli
- 1/4 tassi hakitud sibulat
- 1 selleriribi, peeneks hakitud
- 1/4 tassi peeneks hakitud porgandit
- 1/3 tassi universaalset jahu
- 1/4 tassi hakitud värsket peterselli
- 2 tl kuivatatud tilli
- Sool ja värskelt jahvatatud must pipar

JUHISED:
a) Aseta keedetud hirss ja metsik riis suurde kaussi ning tõsta kõrvale.
b) Kuumuta keskmisel pannil 1 spl õli keskmisel kuumusel.
c) Lisa sibul, seller ja porgand. Katke ja küpseta, kuni see on pehmenenud, 5 minutit. Lisa köögiviljad keedetud teradele. Sega juurde jahu, petersell, tillirohi ning maitse järgi soola ja pipart.
d) Segage, kuni see on hästi segunenud. Külmkapis, kuni see on jahtunud, umbes 20 minutit.
e) Vormi segust kätega väikesed pätsikesed ja tõsta kõrvale. Kuumuta suurel pannil keskmisel kuumusel ülejäänud 2 supilusikatäit õli.
f) Lisa Arancini ja küpseta kuldpruuniks, keerates üks kord, kokku umbes 8 minutit. Serveeri kohe.

39. Odra Arancini Shitake kastmega

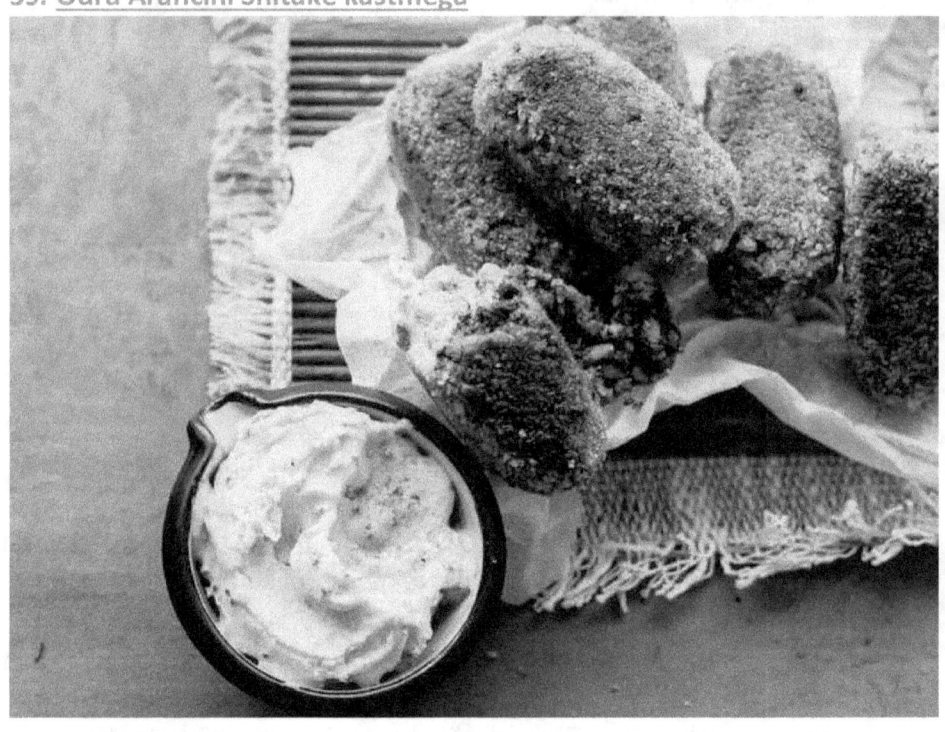

KOOSTISOSAD:
ODRA ARANCINI KOHTA:
- 4 varssellerit, tükeldatud
- 1 suur porgand, tükeldatud
- 3 tassi otra
- 6 tassi vett
- ½ tl meresoola
- Värskelt jahvatatud pipar maitse järgi
- 1 tl kuivatatud basiilikut
- 2 loorberilehte
- ½ tassi hakitud Itaalia peterselli (kaunistuseks)

SHITAKE SEENEKASTME JAOKS:
- 1¾ untsi kuivatatud shitake seeni
- 2½ tassi vett
- 4 suurt šalottsibulat või küüslauguküünt, kooritud ja hakitud
- 2 spl sojakastet või tamari (maitse järgi)
- 2½ supilusikatäit kuzu (või maisitärklist)
- 1 tl värsket sidrunimahla
- 1 supilusikatäis täistera sinepit (valikuline)

JUHISED:
ODRA ARANCINI KOHTA:
a) Sega kiirkeetjas (või 4-liitrises kastrulis) kuubikuteks lõigatud seller, porgand, oder, vesi, meresool, värskelt jahvatatud pipar, kuivatatud basiilik ja loorberilehed.
b) Kuumuta segu kõrgel kuumusel rõhuni (või keema), seejärel alanda kuumust madalale. Keeda surve all 40 minutit (või hauta kaane all 1 tund), kuni oder on pehme.
c) Kui oder on keedetud, eemalda loorberilehed ja tõsta pool keedetud odrast köögikombaini. Töötle, kuni see on hästi segunenud, kuid mitte püreeks.
d) Kombineerige töödeldud oder ülejäänud keedetud odraga suures kausis ja laske sellel käsitsemiseks piisavalt jahtuda.
e) Niisutage sõrmi veega ja vormige odra segust 2,5-tollised ümmargused Arancini või pätsikesed.
f) Pihustage mittenakkuvale pannile kerge kate küpsetussprei ja prae Arancinit, kuni see on kergelt pruunikas. Teise võimalusena pintseldage Arancinit õliga ja küpsetage neid õlitatud

küpsetuspaberiga kaetud plaatidel temperatuuril 350 °F (175 °C) umbes 1 tund, kuni need on kergelt pruunistunud.

g) Serveeri kuuma odra Arancinit koos Shitake seenekastmega ja kaunista hakitud peterselliga.

SHITAKE SEENEKASTME JAOKS:

h) Aseta kuivatatud shitake seened väikesesse kaussi. Aja 1 kl vett keema ja vala see seentele. Laske neil umbes 30 minutit liguneda, kuni need on pehmed. Pärast seente kurnamist ja liigse vedeliku väljapressimist jäta leotusvesi alles. Lõika ära ja visake ära sitked varred, seejärel viiluta seened õhukesteks ribadeks.

i) Lisage väikesesse kastrulisse 2–3 supilusikatäit reserveeritud leotusvett koos hakitud šalottsibula või küüslauguga ja 1 spl sojakastet. Hauta segades umbes 3–5 minutit, kuni šalottsibul on pehme. Vajadusel lisa veel vedelikku.

j) Lisa kastrulisse viilutatud seened ja hauta veel minut aega.

k) Valage ülejäänud leotusvesi ja 1 ¼ tassi täiendavat vett. Lisa ülejäänud sojakaste ja värske sidrunimahl.

l) Lahustage kuzu (või maisitärklis) ülejäänud 1 tassis vees. Kuumuta kaste keema ja lisa pidevalt segades lahustunud kuzu, kuni kaste pakseneb ja muutub läbipaistvaks.

m) Soovi korral sega hulka täisterasinep.

n) Serveeri kuuma Shitake seenekastet odra Aranciniga.

40. Pruun riis, mandel ja taimne arancini

KOOSTISOSAD:
- 1½ tassi lühikeseteralist pruuni riisi
- 3½ tassi rasvatustatud puljong
- 1 tl Sool
- 1 spl Õli
- ½ tassi hakitud sellerit
- ¾ tassi riivitud pastinaaki
- ¾ tassi riivitud bataati või porgandit
- ¾ tassi hakitud rohelist sibulat
- ¼ tassi röstitud ja viilutatud mandleid
- ½ tassi röstitud leivapuru
- ⅓ tassi hakitud värsket peterselli
- 1 spl Vähendatud naatriumisisaldusega sojakaste
- 1 muna, lahtiklopitud

JUHISED:
a) Kuumuta pruun riis, rasvatustatud puljong ja sool keskmisel-kõrgel kuumusel keskmises kastrulis keemiseni. Kata kastrul kaanega ja alanda kuumust madalale. Keeda riisi 40–45 minutit või kuni kogu vesi on imendunud. Lase jahtuda.
b) Segage 10-tollises mittenakkuvas pannil keskmisel kuumusel õli, hakitud seller, riivitud pastinaak ja riivitud bataat või porgand. Küpseta ja sega 3–5 minutit või kuni köögiviljad on pehmed, kuid mitte pruunistunud. Lisa hakitud roheline sibul ja küpseta veel 1 minut. Eemaldage kuumusest.
c) Segage suures kausis praetud köögiviljad, röstitud ja tükeldatud mandlid, röstitud leivapuru, hakitud värske petersell, vähendatud naatriumisisaldusega sojakaste, lahtiklopitud muna ja keedetud pruun riis. Sega kõik hästi ühtlase jaotumise tagamiseks.
d) Vormi segust 3-tollised pätsikesed, vormides need kätega.
e) Pese ja kuivata köögiviljade praadimiseks kasutatud pann. Katke pann mittekleepuva köögiviljaspreiga ja asetage see keskmisele-kõrgele kuumusele.
f) Kui pann on kuum, lisa pannile Arancini. Küpseta 3–5 minutit mõlemalt poolt või kuni need muutuvad kuldpruuniks ja krõbedaks.
g) Eemaldage Arancini pannilt ja serveerige neid kuumalt.

41. Tatar Arancini

KOOSTISOSAD:
- 1 tass toortatra tangu
- 3 tassi keeva vett
- 1 tl soola (valikuline)
- 1 tl Õli
- 1 tass riivitud sibulat
- ⅓ tassi hakitud rohelist sibulat
- ⅓ tassi riivitud porgandit
- ½ tassi hakitud värsket peterselli
- 1 lahtiklopitud muna (valikuline)
- ½ kuni ¾ tassi pleegitamata valget jahu, pluss ekstra jahu süvendamiseks

JUHISED:
a) Röstige 10-tollisel mittenakkuval pannil keskmisel kuumusel toored tatratangud, pidevalt segades, kuni pannilt ilmub pähkline aroom.
b) Röstitud tatratangudele lisa keev vesi ja sool (kui kasutad). Kata pann kaanega ja küpseta 10–15 minutit või kuni kogu vesi on imendunud. Tõsta keedetud tatar kaussi.
c) Peske ja kuivatage pann, seejärel lisage sellele õli. Pane pann keskmisele-kõrgele kuumusele.
d) Lisa pannile riivitud sibul ning küpseta ja sega umbes 5 minutit või kuni need muutuvad pehmeks ja läbipaistvaks.
e) Sega juurde hakitud roheline sibul ja riivitud porgand ning küpseta veel 3 minutit.
f) Kombineerige praetud köögiviljad kausis keedetud tatraga.
g) Lisa tatrasegule hakitud värske petersell ja lahtiklopitud muna (kui kasutad). Lisa ka nii palju jahu, et moodustuks kleepuv tainas. Vajalik jahu kogus võib varieeruda, seega alustage ½ tassist ja lisage järk-järgult, kuni saavutate õige konsistentsi.
h) Vormige kleepuvast tatrasegust jahuga ülepuistatud kätega 4-tolline Arancini.
i) Kastke iga Arancini ühtlaseks kattumiseks jahus.
j) Katke pann mittenakkuva pihustiga ja asetage see keskmisele või kõrgele kuumusele.
k) Kui pann on kuum, lisage sellele kaetud Arancini. Küpseta 3–5 minutit mõlemalt poolt või kuni need muutuvad kuldpruuniks.
l) Tõsta keedetud tatar Arancini serveerimistaldrikule ja naudi soojalt.

42. Kikerherne-kuskussi Arancini

KOOSTISOSAD:
- ⅔ tassi päevalilleseemneid, kooritud ja toored (valikuline)
- 2 tassi keedetud kikerherneid
- 1 tass kuskussi
- ½ tassi tomatimahla
- ½ tassi punast veini, kuiv
- 3 supilusikatäit sojakastet
- 2 supilusikatäit Dijoni sinepit
- 2 spl punase veini äädikat
- 2 tl rosmariini
- 1 tl tüümiani
- ½ tl musta pipart
- 3 supilusikatäit Värsket peterselli, hakitud
- 3 küüslauguküünt
- ½ supilusikatäit oliiviõli

JUHISED:
a) Kui kasutate päevalilleseemneid, soojendage ahi temperatuurini 350 °F (175 °C). Laota seemned küpsetusplaadile, eemalda kõik kestad või värvunud seemned ning küpseta 5–7 minutit, kuni need lõhnavad pähkliselt ja tumenevad veidi. Jahvata seemned köögikombainis jämedaks hakkimiseni.
b) Lisa keedetud kikerherned koos hakitud päevalilleseemnetega (kui kasutad) köögikombaini. Töötle hästi segunemiseni ja hoia segu köögikombainis.
c) Sega raskes potis kuskuss, tomatimahl ja punane vein. Sega ja lase keema tõusta. Alanda kuumust, kata kaanega ja hauta 2-3 minutit, kuni kuskuss on kogu vedeliku endasse imanud. Laske veel 5 minutit seista.
d) Lisa keedetud kuskuss köögikombainis kikerhernesegule. Lisa ülejäänud koostisosad (sojakaste, Dijoni sinep, punase veini äädikas, rosmariin, tüümian, must pipar, hakitud värske petersell ja küüslauk), välja arvatud oliiviõli. Sega korralikult läbi, peatades köögikombaini ja kraapides külgi üks või kaks korda alla, kuni segu muutub ühtlaseks.
e) Õlitage käsi kergelt. Vormi 2-3 supilusikatäit kikerhernesegust käte vahel palliks. Korrake ülejäänud seguga, kuni teil on 24 palli. Tasandage pallid, et moodustada umbes 2 tolli laiused ja ½ tolli paksused pätsikesed.
f) Pintselda Arancinid oliiviõliga ja aseta need kergelt õlitatud ahjuplaadile.
g) Küpseta Arancinit eelkuumutatud ahjus 15 minutit. Seejärel keerake Arancinid ümber, pintseldage neid uuesti õliga ja küpsetage veel 10-12 minutit, kuni need on kuldsed ja krõbedad.
h) Võite Arancini enne tähtaega valmistada, jahutada ja enne serveerimist uuesti soojendada.
i) Serveeri maitsvat kikerherne-kuskussi Arancinit kastmega Bourguignonne või oma lemmikdipikastmega, et saada mõnus ja rahuldav eine!

43. Hirss Arancini soja- ja ingverikastmega

KOOSTISOSAD:
TEMPURA taigna:
- 1 tass täistera nisu saia jahu
- ½ tassi pleegitamata valget jahu
- ½ tassi maisijahu
- 2 tassi gaseeritud vett
- Näputäis soola

ARANCINI:
- 1 tass hirss, kuumtöötlemata
- 1 ¾ tassi vett
- Näputäis soola
- ½ tassi Värsket peterselli, peeneks hakitud
- 1 tass porgandit, peeneks riivitud
- 1 tass sibulat, tükeldatud
- 1 tass täistera nisu saia jahu
- Täisterast leivapuru (katmiseks)
- Õli friteerimiseks (seesami-, safloori- või rapsiõli)

SOJA-INGVERIKASTUS:
- ½ tassi sojakastet
- ½ tassi vett
- 1 spl Noolejuure jahu (või kuzu pulbrit)
- 1 spl Värske ingverijuur, riivitud

JUHISED:
TEMPURA taigna:
a) Sega kausis täistera nisu saiajahu, pleegitamata valge jahu, maisijahu ja näpuotsatäis soola.
b) Sega õrnalt juurde gaseeritud vesi, kuni tainas on ühtlane. Jahutage taigen kuni kasutamiseni.

ARANCINI:
c) Pese hirss külmas vees ja nõruta.
d) Aja kastrulis vesi ja näpuotsatäis soola keema. Segage hirss, katke kaanega ja laske keema tõusta.
e) Alanda kuumust ja hauta hirssi umbes 25 minutit või kuni vesi on imendunud, aeg-ajalt segades.
f) Tõsta tulelt ja lase hirsil jahtuda.
g) Sega jahtunud hirsiga peeneks hakitud petersell, riivitud porgand, kuubikuteks lõigatud sibul ja täistera nisujahu.
h) Vormi segust golfipalli suurune Arancini, tõmmake otsad veidi tasaseks.
i) Kata iga Arancini külma tempura taignaga ja veereta neid siis ühtlaseks kattumiseks täistera leivapurus.
j) Kuumuta 2 ½ tolli õli raskel pannil praadimiseks.
k) Prae 5 või 6 Arancinit korraga umbes 3–5 minutit mõlemalt poolt või kuni need muutuvad kuldpruuniks.
l) Nõruta praetud Arancini hästi paberrätikutel ja hoia kuumas.

SOJA-INGVERIKASTUS:
m) Kuumuta potis sojakaste ja ½ tassi vett keema.
n) Lahusta noolejuurejahu (või kuzu pulber) 2 spl vees ja sega sojakastme segusse.
o) Aja kaste uuesti keema, seejärel alanda kuumust ja hauta pidevalt segades 5 minutit.
p) Pigista riivitud ingverijuurest mahl välja ja sega kastmesse.
q) Valage kuum kaste valmistatud hirssi Arancini peale.
r) Serveeri maitsvat Millet Arancinit koos soolase soja- ja ingverikastmega, et saada maitsev ja rahuldav eine!

KALA JA MEREANDID ARANCINI

44. Krevetid Arancini sidruniga

KOOSTISOSAD:
- ¼ x krevetirisotto omatehtud puljongi ja kirsstomatitega
- ¼ tassi riivitud noort asiagot
- ½ tassi universaalset jahu
- ½ tassi panko leivapuru
- 1 suur muna
- ¼ tassi peeneks riivitud parmigiano RMunaiano
- ½ tl musta pipart
- 1 sidrun
- Ekstra neitsioliiviõli, vastavalt vajadusele
- Peen meresool, vastavalt vajadusele

JUHISED:

a) Valmistage ¼ x krevetirisotto omatehtud puljongi ja kirsstomatitega ning laske sellel täielikult jahtuda või kasutage ülejääke.
b) Kuumutage vokkpannil või malmpannil umbes 1 tolli ekstra neitsioliiviõli keskmisel kõrgel kuumusel temperatuurini 375 °F. Reguleerige kuumust, kui õli hakkab suitsema.
c) Asetage paberrätik traatkuivatusrestile ja hoidke läheduses peent meresoola.
d) Viiluta sidrun ja tõsta see kaunistamiseks serveerimistaldrikutele.
e) Sega väikeses kausis jahu ¼ tl musta pipra ja näputäie soolaga.
f) Vahusta teises kausis muna ¼ tl musta pipra, näputäie soola ja Parmigiano RMunaianoga.
g) Kolmandas kausis sega panko leivapuru näpuotsatäie soolaga.
h) Kombineeri riivitud noor asiago jahutatud risotoga. Veeretage segust käte abil 8 väikest palli ja asetage need taldrikule.
i) Vajadusel partiidena töötades määri iga pall maitsestatud jahu, munasegu ja panko riivsaiaga.
j) Asetage arancini õrnalt kuuma õli sisse, jälgides, et need ei oleks ülerahvastatud.
k) Kasutage puulusikaga pallide koorimiseks ja nende lahus hoidmiseks. Kui põhjad on kuldsed, keerake need ümber ja jätkake nende ühtlaseks värvimiseks pesast ja liigutamist.
l) Kui riisipallid on kuldpruunid ja krõbedad, eemalda need kuivatusrestilt paberrätikult. Soola neid kohe.
m) Partiidena praadimisel kasutage peene võrguga koorijat, et õli oleks puhas liigsest jahust ja riivsaiast.
n) Tõsta arancini serveerimistaldrikutele ja naudi koos rohke sidrunipigistusega. Olge ettevaatlik, sest need on üsna kuumad.
o) Nautige krevettide arancinit sidruniga!

45. Krabi Arancini

KOOSTISOSAD:
- 50 g võid
- 1 sibul, peeneks hakitud
- 250 g Arborio riisi
- 150 ml kuiva valget veini
- 500 ml köögiviljapuljongit
- 200 g krabiliha
- 50 g riivitud parmesani
- Kahe sidruni koor ja mahl
- 1 punane tšilli, peeneks hakitud
- 1 küüslauguküüs, peeneks hakitud
- Peotäis hakitud murulauku
- 200 g riivitud mozzarellat
- Sool ja pipar
- 180 g riivsaia

JUHISED:
a) Pruunista sibul võis, seejärel lisa Arborio riis. Lisa valge vein ja köögiviljapuljong ning sega, kuni vedelik on imendunud. Lase segul jahtuda.
b) Kui olete valmis arancini kokku panema, eelsoojendage fritüür temperatuurini 200 °C (392 °F).
c) Sega eraldi kausis krabiliha, parmesan, koor ja kahe sidruni mahl, punane tšilli, küüslauk, murulauk ja mozzarella. Maitsesta segu maitse järgi.
d) Võtke teelusikatäis krabisegu ja veeretage see palliks.
e) Võtke lusikatäis jahtunud riisisegu ja tasandage see ühes käes. Kata krabihapall riisiga ja pigista seejärel tihedalt kokku, et moodustuks tugev pall.
f) Määri arancini riivsaiaga.
g) Prae arancinit umbes 5 minutit või kuni need on kuldpruunid.
h) Nautige oma maitsvat Crab Arancinit!

46. Küpsetatud kalmaari tint Arancini

KOOSTISOSAD:
RISOTTO KOHTA:
- 2 spl võid
- 1 spl oliiviõli
- 1 tl jahvatatud musta pipart
- ¾ tassi kollast sibulat, peeneks hakitud
- 2 küüslauguküünt, peeneks hakitud
- 2 tassi arborio riisi
- 1 tass valget veini
- 8 tassi kanapuljongit
- 1 tass parmesani juustu, peeneks riivitud
- ¼ tassi värsket sidrunimahla
- 1 tl kalmaari tinti
- 1 pall mozzarella juustu (350 g), kuubikuteks

PANEMISEKS:
- 4 tassi panko riivsaia
- ½ tassi soolatud võid
- 1 tass universaalset jahu
- 3 muna, lahtiklopitud
- ⅓ tassi vett

JUHISED:
a) Alusta risoto valmistamisega. Kuumuta suur praepann keskmisel-kõrgel kuumusel. Lisa oliiviõli ja või ning lase täielikult sulada.
b) Kui sibul on sulanud, lisage sibul ja pipar ning küpseta 2-3 minutit või kuni sibul on pehme ja poolläbipaistev, kuid mitte pruunistunud. Lisa küüslauk ja küpseta 1 minut.
c) Lisa potti kanapuljong ja kuumuta keemiseni. Kui keeb, alandage kuumust madalaks ja hoidke soojas. Lisate selle riisile keetmise ajal.
d) Järgmisena lisa arborio riis. Viska kõik pannile kokku, veendu, et riis oleks õli ja võiga kaetud. Laske riisil pannil 2-3 minutit röstida, sageli segades või kuni riisiterade servad hakkavad läbipaistvaks muutuma.
e) Kui riis on röstitud, lisa pannile valge vein. Kasutage puulusikat, et kõik segada.
f) Kui vein on riisi imendunud, alandage kuumust keskmisele tasemele ja hakake lisama kanapuljongit, üks kulp (umbes üks tass) korraga.

Segage riis koos kanapuljongiga, kuni vedelik on täielikult imendunud, enne kui lisate pannile täiendava kanapuljongi.
g) Korrake seda protsessi, kuni kogu kanapuljong on lisatud või kuni riis on täielikult keedetud.
h) Tõsta pann tulelt ja lisa parmesani juust, sidrunimahl ja kalmaari tint. Segage kõik kokku. Kui soovite tumedamat värvi, lisage täiendavalt kalmaari tinti. Enne pallideks veeretamist pane riis 30 minutiks kõrvale jahtuma.
i) Valmistage paneerimisjaam. Pane jahu suurele taldrikule ning klopi suures kausis lahti munad ja vesi. Kõrvale panema.
j) Riivsaia valmistamiseks sulata või suurel praepannil keskmisel kuumusel. Kui see on sulanud, lisage panko riivsai ja segage kõik katteks. Eemalda pannilt ja aseta suurele taldrikule.
k) Järgmisena valmista arancini pallid. Kasutage risoto kokkuvõtmiseks suurt supilusikatäit ja veeretage see kätega palliks. Pallid peaksid olema golfipalli suurused, kuid soovi korral võid need suuremaks teha.
l) Võtke mozzarella kuubik ja suruge see arancini keskele, seejärel keerake uuesti rulli, et juust oleks täielikult sees. Asetage küpsetuspaberiga kaetud ahjuplaadile ja korrake ülejäänud risoto jaoks.
m) Aseta arancini 15 minutiks sügavkülma tahenema. Nii on arancinit lihtsam paneerida.
n) Kui arancini on jahtunud, jätkake paneerimisega. Veereta arancini jahus, seejärel muna ja riivsai. Pärast katmist paneerige arancini kahekordseks, lisades see tagasi munasegusse ja seejärel uuesti riivsaia. Tõsta need tagasi pärgamendiga kaetud ahjuplaadile ja korda ülejäänud arancini puhul.
o) Kuumuta ahi 425 kraadini F. Küpseta arancinit 20-25 minutit, pöörates panni poole küpsetamise ajal, et arancini saaks ühtlaselt pruuniks.
p) Pärast valmimist serveeri soojalt koos marinara kastmega. Nautige!

47. Suitsulõhe Arancini

KOOSTISOSAD:
- 2 küüslauguküünt, purustatud
- 200g suitsulõhet, tükeldatud
- 1 tass tavalist jahu
- 20 g võid
- 1 pruun sibul, peeneks hakitud
- 2 spl sidrunimahla
- 2 spl kappareid, nõrutatud, loputatud, peeneks hakitud
- 1 sidrun, peeneks riivitud koor
- 4 tassi kanapuljongit
- ½ tassi parmesani, peeneks riivitud
- 1 tass terve muna majoneesi
- Näputäis musta pipart (maitsestamiseks)
- 2 tassi Arborio riisi
- 1 spl oliiviõli
- 4 muna, lahtiklopitud
- 1 tass tilli, oksad peeneks hakitud
- 2 ½ tassi riivsaia
- Näputäis jahvatatud meresoola (maitse järgi)

JUHISED:
a) Kuumuta ahi 180°C-ni.
b) Kuumuta või ja õli kuumakindlas potis keskmisel kuumusel.
c) Lisa sibul ja küpseta 3 minutit või kuni see on pehme, kuid mitte värvunud. Lisa küüslauk ja küpseta 1 minut.
d) Lisa riis ja sega, et see kataks hästi. Sega puljong ja kuumuta keemiseni.
e) Kata ja tõsta ahju. Küpseta 20 minutit või kuni see on pehme ja suurem osa vedelikust on imendunud. Sega juurde parmesan. Tõsta kaussi ja lase jahtuda.
f) Lisa 1 spl tilli külmale riisile ja sega kahvliga läbi. Eraldi kausis sega lõhe ja kapparid. Vooderda suur küpsetusplaat kilega.
g) Veereta risoto segu märgade kätega palliks. Suru keskele osa lõhesegust ja vormi riis ümber. Asetage see ettevalmistatud alusele. Jätkake seguga.
h) Pane jahu, muna ja riivsai eraldi kaussidesse. Määri iga pall kergelt jahu, muna ja riivsaiaga. Määri uuesti muna ja riivsaiaga.
i) Täitke kastrul poolenisti õliga ja asetage see keskmisele-kõrgele kuumusele. Kui see on kuum, küpseta arancinit partiidena 3–4 minutit, kuni see on kuldpruun. Tõsta paberrätikutega vooderdatud alusele.
j) Sega kausis majonees, sidrunikoor ja mahl. Maitsesta soola ja pipraga. Serveeri arancinit sidrunimajoneesiga.
k) Nautige oma suitsulõhe arancinit!

48. Jambalaya Arancini

KOOSTISOSAD:
- Oliiviõli, vastavalt vajadusele
- ¼ naela andouille vorsti
- 1 väike sibul, peeneks hakitud
- ½ rohelist paprikat, peeneks hakitud
- 1 selleri vars, peeneks viilutatud
- 2 rohelist sibulat, viilutatud
- 1 kilo krevette, kooritud, tükeldatud ja tükeldatud
- 2 küüslauguküünt, hakitud
- 1 tl Cajuni maitseainet
- 3 tassi keedetud arborio riisi
- ½ tassi riivitud parmesani juustu
- Sool, maitse järgi
- Pipar, maitse järgi
- 1 tass jahu
- 2 muna, lahtiklopitud
- 2 ½ tassi panko riivsaia köögikombainis
- Vajadusel õli praadimiseks
- Dippimiseks vastavalt vajadusele remulaadikaste

JUHISED:

a) Kuumuta Hollandi ahi keskmisel-kõrgel kuumusel. Lisa õli, seejärel andouille' vorst ja küpseta sageli segades, kuni vorst hakkab just pruunistuma. Lisa pannile sibul, roheline paprika, seller ja roheline sibul. Prae, kuni köögiviljad on läbipaistvad, umbes 5 minutit.
b) Lisa krevetid, küüslauk, Cajuni maitseaine, sool ja must pipar. Küpseta 1–2 minutit, kuni küüslauk on lõhnav ja krevetid roosad.
c) Lisa pannile keedetud arborio riis ja riivjuust ning sega ühtlaseks. Maitsesta maitse järgi. Valage segu 9x13-tollisele küpsetuspannile ja ajage see laiali.
d) Aseta pann umbes 30 minutiks külmkappi, kuni segu on külm ja pallideks vormides kindlalt kokku kleepub.
e) Võtke riisisegu välja ja vormige sellest umbes 2 tolli läbimõõduga pallid. Veereta iga pall jahus, seejärel lahtiklopitud munas ja lõpuks surises panko riivsaias.
f) Aseta arancini taldrikule või ahjuplaadile. (Koka märkus: saate luua jaama, kus on kauss jahuga, kauss lahtiklopitud munaga ja kauss riivsaiaga.)
g) Asetage umbes kaks tolli õli Hollandi ahju. Kuumutage õli temperatuurini 350 ° F. Aseta 5 või 6 arancinit õlisse ja prae, kuni need on tumekuldsed. Tõsta need õlist välja ja nõruta paberrätikul.
h) Serveeri Jambalaya Arancini kuumalt või soojalt koos remulaadikastmega. (Koka märkus: neid saab ka kuni 3 päeva külmkapis hoida ja kuumutada 350 °F ahjus, kuni see on keskel kuum, umbes 20 minutit.) Nautige!

49. Tuunikalaga täidetud Arancini

KOOSTISOSAD:
TÄITMINE:
- 1 sibul
- 20 g kapparid
- 30 g kivideta musti oliive
- 150 g nõrutatud tuunikala (konserv)
- 50 g tomatipastat
- 50 ml punast veini
- 1 tl kuivatatud pune

RIISIPALLID:
- 1 sibul
- 250 g risoto riisi
- 150 ml valget veini
- 350 ml köögiviljapuljongit
- 1 pakk safranit (umbes 0,2 g)
- 50 g riivitud parmesani
- 50 g jahu
- 150 g riivsaia
- 2 muna
- 800 ml õli friteerimiseks

JUHISED:
TÄITMINE:
a) Koori ja haki sibul peeneks. Haki kapparid ja oliivid peeneks ning pane väikesele pannile.
b) Kuumuta panni kõrgel kuumusel, kuni see saavutab röstimistemperatuuri, seejärel alanda madalale kuumusele ja lisa tuunikala. Lisa tomatipasta, pruunista korraks ja deglaseeri punase veiniga. Sega hulka pune ja hauta ilma kaaneta umbes 10 minutit.
c) Tõsta pann tulelt ja lase täidisel jahtuda.

RIISIPALLID:
d) Koori ja haki sibul peeneks. Lisage see potti ja kuumutage potti kõrgel kuumusel, kuni see saavutab röstimistemperatuuri, seejärel alandage madalale kuumusele ja hautage sibul kergelt läbi.
e) Lisa riis ja pruunista korraks. Deglaseerige valge veiniga, lisage puljong ja safran, segage ja sulgege.
f) Kuumuta potti kõrgel kuumusel, kuni see jõuab pehme aknani, seejärel alanda madalale kuumusele ja küpseta pehmel alal umbes 7 minutit.
g) Küpsetusaja lõpus vabastage pott rõhust ja avage see. Sega hulka parmesan, seejärel lase segul jahtuda, kuni see on leige.
h) Jaga jäätiselusikaga segu 12 portsjoniks. Tasandage riisiosa peopesal ja asetage peale supilusikatäis täidist. Kata täidis ettevaatlikult riisiga ja vormi sellest pall.
i) Valmista kaks taldrikut – üks jahuga ja teine riivsaiaga. Vahusta munad sügavas anumas kahvliga. Määri riisipallid esmalt jahuga, seejärel munaga ja lõpuks riivsaiaga.
j) Lisage suurele pannile õli, kuumutage seda kõrgel kuumusel, kuni see saavutab röstimistemperatuuri, seejärel alandage keskmisele kuumusele. Lisa riisipallid õlile ja prae neid kuni pöördepunktini.
k) Pöörake pallid ümber ja praege, kuni need on kuldpruunid. Eemaldage arancini ja laske neil paberrätikutel nõrguda.

50. Auster Arancini

KOOSTISOSAD:
- ¼ tassi võid
- ¼ tassi universaalset jahu
- 1 tass piima
- soola
- Värskelt jahvatatud pipar
- 3 spl Võid
- 4 Hakitud šalottsibul
- 1 kilo hakitud seeni
- 24 Shucked & Patted kuiv austr
- taimeõli
- 3 muna
- Universaalne jahu
- 4 tassi Värsket leivapuru
- Vesikress
- Viilud sidruni

JUHISED:
a) Sulata ¼ tassi võid raskes keskmises kastrulis madalal kuumusel.
b) Vahusta ¼ tassi jahu ja sega 3 minutit. Vahusta piim ja lase keema. Alanda kuumust ja hauta aeg-ajalt segades 5 minutit. Maitsesta soola ja pipraga.
c) Sulata 3 supilusikatäit võid tugeval keskmisel pannil keskmisel-madalal kuumusel. Lisa šalottsibul ja küpseta kuni pehmenemiseni, aeg-ajalt segades, umbes 5 minutit. Lisage seened, suurendage kuumust ja küpseta, kuni kogu vedelik aurustub, aeg-ajalt segades umbes 10 minutit. Maitsesta soola ja pipraga. Sega seenesegu kastmesse. Lahe.
d) Kuumuta pann keskmisel-kõrgel kuumusel. Lisa austrid ja sega 2 minutit.
e) Lahe.
f) Kuumuta õli 425 kraadini fritüüris või raskes suures kastrulis. Klopi munad lahti 1 spl taimeõliga. Pakkige iga austri ümber kaste, moodustades sigari kuju. Kalla sisse jahu, raputades üleliigne. Kasta munasegusse. Veereta riivsaias. Prae portsjonitena kuni kuldpruunini, umbes 4 minutit. Eemalda lusikaga ja nõruta paberrätikutel.
g) Laota Arancini vaagnale. Kaunista kressi ja sidruniga.

51. Valge kala Arancini

KOOSTISOSAD:
- 2 valget kalafileed, keedetud ja helvestatud
- 1 tass kartulipüree
- ¼ tassi peeneks hakitud sibulat
- ¼ tassi peeneks hakitud paprikat
- 2 küüslauguküünt, hakitud
- ¼ tassi hakitud värsket peterselli
- ¼ teelusikatäit paprikat
- Sool ja pipar maitse järgi
- ½ tassi riivsaia
- 2 muna, lahtiklopitud
- Taimeõli praadimiseks

JUHISED:
a) Sega kausis helvestega valge kala, kartulipuder, hakitud sibul, hakitud paprika, hakitud küüslauk, hakitud petersell, paprika, sool ja pipar. Sega hästi.
b) Vormi segust väikesed Arancini.
c) Kasta iga Arancini lahtiklopitud munadesse, seejärel veereta seda riivsaias.
d) Kuumutage taimeõli pannil keskmisel kuumusel. Prae Arancini igast küljest kuldpruuniks, umbes 2-3 minutit mõlemalt poolt.
e) Tõsta pannilt ja nõruta paberrätikul.
f) Serveeri valge kala Arancini kuumalt eelroana.

52. Kammkarp Arancini

KOOSTISOSAD:
- 1 nael kammkarpe, värskeid või külmutatud
- 1 tass võid või margariini, sulatatud
- ¼ tassi jahu
- 1 tl soola
- Natuke pipart
- 2 muna, lahtiklopitud
- 2 spl šerrit
- 2 tassi kuiva leivapuru

JUHISED:
a) Sulatage külmutatud kammkarbid. Eemaldage kõik kestaosakesed ja peske. Haki kammkarbid.
b) Keeda kammkarpe võis regulaarselt segades 3–4 minutit.
c) Sega hulka jahu ja maitseained.
d) Sega veidi kuuma kastet muna sisse; lisa pidevalt segades ülejäänud kastmele.
e) Lisa šerri. Asetage segu madalale pannile ja jahutage. Jaga 12 osaks.
f) Vormi koonused ja veereta purus. Jahuta külmkapis mitu tundi. Prae korvis sügavas rasvas, temperatuuril 375 ° F, 2–3 minutit või kuni pruunistumiseni.
g) Nõruta paberrätikutel.

53. Lõhe Arancini soolakreekeritega

KOOSTISOSAD:
- 1 purk punast või roosat lõhet, nõrutatud
- 1 väike sibul, peeneks hakitud
- 1 tl värske sidrunimahl
- 1 muna, kergelt pekstud
- 12–15 soolakreekerid, purustatud
- ¼ teelusikatäit jahvatatud pipart
- 1 tl värsket peterselli, hakitud (valikuline)
- ¼ tassi rapsiõli

JUHISED:
a) Püreesta kausis nõrutatud lõhe. Lisa hakitud sibul, sidrunimahl, muna, pipar ja soovi korral petersell. Sega õrnalt. Vormi kuus Arancinit (pattikesed).

b) Purusta soolataimed kahe vahatatud paberilehe vahel taignarulliga.

c) Pange iga Arancini puruks, vajutage õrnalt, et veenduda, et puru kleepuks, ja keerake mõlemalt poolt.

d) Kuumuta pannil õli keskmisel kuumusel.

e) Prae Arancini ühelt küljelt kuldpruuniks, seejärel pööra õrnalt ümber ja prae.

54. Lõhe ja porgand Arancini

KOOSTISOSAD:
- 2 munavalget
- 1 tass mandlijahu
- 1 kl panko leivapuru
- 1 nael (454 g) tükeldatud lõhefilee
- ⅔ tassi riivitud porgandit
- 2 spl hakitud küüslauguküünt
- ½ tassi hakitud sibulat
- 2 spl hakitud murulauku
- Toiduvalmistamise pihusti

JUHISED:
a) Piserdage fritüüri korvi küpsetuspritsiga.
b) Vahusta kausis munavalged. Pane jahu teise kaussi. Valage leivapuru kolmandasse kaussi. Kõrvale panema.
c) Kombineeri lõhe, porgand, küüslauk, sibul ja murulauk suures kausis. Sega hästi segunemiseks.
d) Vormi segust kätega pallikesed. Suruge pallid jahu, seejärel muna ja seejärel riivsaia hulka, et see oleks hästi kaetud.
e) Laota lõhepallid korvile ja piserda küpsetusspreiga.
f) Asetage õhufritüüri korv küpsetuspannile ja lükake see resti asendisse 2, valige Air Fry, seadke temperatuur 180 °C (350 ºF) ja määrake ajaks 10 minutit.
g) Keerake lõhepallid poole küpsetamise ajal ümber.
h) Kui küpsetamine on lõppenud, on lõhepallid krõbedad ja pruunid. Võta ahjust välja ja serveeri kohe.

55. Krevett Arancini

KOOSTISOSAD:
- 3 ½ untsi võid
- 4 untsi tavalist jahu
- 1 ¼ pinti külma piima
- Sool ja pipar
- 14 untsi keedetud kooritud krevette, tükeldatud
- 2 tl tomatipüreed
- 5 või 6 sl peent riivsaia
- 2 suurt muna, lahtiklopitud
- Oliiviõli friteerimiseks

JUHISED:

a) Keskmises kastrulis sulatage või ja lisage pidevalt segades jahu.

b) Nirista pidevalt segades aeglaselt sisse jahutatud piim, kuni saad paksu ühtlase kastme.

c) Lisa krevetid, maitsesta ohtralt soola ja pipraga ning klopi sisse tomatipasta. Küpseta veel 7–8 minutit.

d) Võtke napp supilusikatäis koostisosi ja rullige see 1,5–2-tolliseks silindriks Arancini.

e) Veereta Arancini riivsaias, seejärel lahtiklopitud munas ja viimasena riivsaias.

f) Kuumutage suurel paksupõhjalisel pannil praadimiseks õli, kuni see jõuab 350 °F-ni või saiakuubik muutub 20–30 sekundiga kuldpruuniks.

g) Prae umbes 5 minutit kuni 3 või 4 kaupa kuni kuldpruunini.

h) Eemalda kanafilee lusikaga, nõruta majapidamispaberil ja serveeri kohe.

56. Küpsetatud lõhe Arancini

KOOSTISOSAD:
- 2 spl Võid; pehmendatud
- 1½ naela värske lõhe; keedetud
- 2 tassi Värsket leivapuru
- 1 spl scallion
- 1 spl Värsket tilli; lõikas
- ½ sidruni; koor, riivitud
- 1 muna
- 1 tass rasket koort
- ½ teelusikatäit soola
- ½ tassi hapukoort
- Kaaviar
- Sidruni viilud

JUHISED:
a) Aseta helvestatud lõhe kaussi.
b) Lisage ¾ tassi leivapuru, sibulat, tilli, sidrunikoort, muna ja koort. Sega õrnalt kahvliga läbi. Maitsesta soola, pipra ja cayenne'i pipraga. Määri ülejäänud supilusikatäit võiga.
c) Aseta tassid röstimispannile. Valage nii palju kuuma vett, et see ulatuks ramekiinide külgede poole. Küpseta, kuni see on üsna tihke ja tardunud, umbes 30 minutit.
d) Jahuta 5–10 minutit.
e) Arancini saab vormimata, parem pool ülespoole või serveerida ramekiinides. Täitke iga Arancini hapukoore ja kaaviariga või kaunistage lihtsalt sidruniga.

57. Arancini krevetid

KOOSTISOSAD:

- 1-kilone krevetid
- 2 õhukest viilu värsket ingverit
- 1 küüslauguküünt
- 1 suur sellerivars, väga krõbe
- 1 tl sojakastet
- 1 spl austrikastet
- 1 tl kalakastet
- 3 spl kanapuljongit
- 2 spl maisitärklist
- 1 tl soola
- õli friteerimiseks
- kaunistuseks salatilehed

JUHISED:

a) Kuumuta fritüür temperatuurini 350 °F.
b) Puhasta ja töötle krevetid. Haki krevetid väga peeneks, peaaegu pastaks. Haki ingver ja küüslauk ning hoia neid krevettidest eraldi. Viilutage seller ¼-tollisteks tükkideks, eemaldades lõikamise ajal nöörid.
c) Sega väikeses kausis kokku sojakaste, austrikaste, kalakaste, kanapuljong ja 1 supilusikatäis maisitärklist ning tõsta kõrvale.
d) Sega teises kausis krevetid poole hakitud ingveri ja poole hakitud küüslauguga. Lisa sool ja ülejäänud supilusikatäis maisitärklist. Segage hästi ja vormige sellest segust kergelt niisutatud kätega väikesed umbes 2 tolli pikkused ja 1 tolli läbimõõduga Arancini.
e) Kuumuta õli temperatuurini 360 °F ja prae krevette Arancini 6 korraga, kuni need on kuldpruunid, umbes 2–3 minutit. Eemaldage Arancini tangidega kuumast õlist.
f) Nõruta Arancini paberrätikutel ja hoia vaagnal madalal kuumusel seatud ahjus soojas.
g) Pane 1 supilusikatäis pannilt võetud kuuma õli kastrulisse või vokki kõrgel kuumusel ja prae segades ülejäänud ingverit ja küüslauku, kuni see muutub kuldseks, umbes 1 minut, seejärel lisa seller ja prae segades kõrgel kuumusel umbes 1 minut. 30 sekundit. Lisage reserveeritud kastme segu ja segage, kuni see pakseneb umbes 2–3 minutit.
h) Kata vaagen salatilehtedega ja aseta lehtedele Arancini. Tõsta kaste tulelt ja vala Arancinile. Serveeri kuumalt.

58. Mõõkkala Arancini paksu tomatikastmega

KOOSTISOSAD:
- 1 nael mõõkkala, nahk ja tume liha eemaldatud ning 1-tollisteks tükkideks lõigatud
- 3 spl kuiva leivapuru
- 1 muna, lahtiklopitud
- 1 spl riivitud parmesani juustu
- 1 tl röstitud piiniaseemneid
- 1 spl hakitud basiilikut
- ¼ tassi jahu süvendamiseks
- 1 tass oliiviõli
- 1,50 tassi rikkalikku ja rammusat tomatikastet
- Sool, maitse järgi
- Värskelt jahvatatud must pipar, maitse järgi
- Kaunistuseks hakitud petersell

JUHISED:

a) Püreesta köögikombaini töönõus mõõkkala, kuni moodustub jäme pasta.
b) Sega kausis riivsai, lahtiklopitud muna, riivitud parmesani juust, röstitud piiniaseemned ja hakitud basiilik.
c) Lisa mõõkkalapüree koos teiste koostisosadega kaussi. Segu peaks olema taignase pastalaadse konsistentsiga.
d) Maitsesta segu soola ja värskelt jahvatatud musta pipraga.
e) Kasutades kahte supilusikatäit, vormi segust 12 jalgpallikujulist Arancinit.
f) Kuumutage pannil oliiviõli, kuni termomeeter näitab 375 kraadi Fahrenheiti (190 kraadi Celsiuse järgi).
g) Kastke Arancini jahu hulka, raputage üleliigne maha.
h) Asetage Arancini ettevaatlikult kuuma õli sisse ja prae umbes 6 minutit, pöörates neid ühtlase pruunistumise tagamiseks.
i) Eemaldage praetud Arancini ja nõrutage need paberrätikutel.
j) Kuumuta potis rammus tomatikaste.
k) Lisa praetud Arancini tomatikastmele ja lase neil koos umbes 5 minutit küpseda, lastes maitsetel sulada.
l) Serveerimiseks asetage mõõkkala Arancini kaussi, mis on ümbritsetud paksu tomatikastmega.
m) Kaunista hakitud peterselliga.
n) Nautige seda maitsvat mõõkkala Arancinit koos rikkaliku ja maitseka rammusa tomatikastmega!

59. Krabi Arancini Tangy kastmega

KOOSTISOSAD:
- ⅓ tassi hakitud pehmet sibulat
- 6 spl Võid
- ¼ tassi jahu
- Natuke Cayenne'i
- ½ tl Worcestershire'i kastet
- ½ tl Dijoni stiilis sinepit
- 1 tass piima
- 1 tl Värske sidrunimahl
- 1 oksake peterselli, hakitud
- 2 purki (igaüks 7 untsi) Krabiliha
- Sool, maitse järgi
- 1 lahtiklopitud muna
- 2 spl Vett
- Peen leivapuru

JUHISED:
a) Prae pannil hakitud pehmet sibulat 4 spl võis keskmisel kuumusel umbes 5 minutit, kuni sibul muutub pehmeks.
b) Segage jahu ja maitseained (cayenne, Worcestershire'i kaste ja Dijoni stiilis sinep) praetud sibulaga. Jahu küpsetamiseks segage pidevalt umbes minut.
c) Lisa pannile piim ja jätka pidevalt segades küpsetamist, kuni segu pakseneb kreemjaks kastmeks.
d) Tõsta pann tulelt ja sega juurde värske sidrunimahl, hakitud petersell ja konserveeritud krabiliha. Maitsesta segu maitse järgi soolaga. Jahuta segu külmikusse.
e) Kui krabisegu on jahutatud, vormige see kätega Aranciniks. Veereta iga Arancini lahtiklopitud munas ja määri seejärel peene riivsaiaga.
f) Kuumutage eraldi pannil keskmisel kuumusel ülejäänud 2 supilusikatäit võid. Prae krabi Arancini aeglaselt võis, kuni need muutuvad mõlemalt poolt kuldpruuniks.
g) Serveeri kuumalt Crab Arancinit sidruniviiludega, et lisada maitset.
h) Nautige neid krõmpsuva välisilme ja õrna maitseka sisemusega mõnusaid Crab Arancinit. Nendest saab suurepärane eelroog või kerge eine, mis sobib suurepäraselt mereandide austajatele!

60. Tuunikala Arancini

KOOSTISOSAD:
- 2 purki tuunikala
- 1 tass röstimata nisuidud
- 2 muna, kergelt lahtiklopitud
- 2 kuni 3 supilusikatäit tomatimahla
- Hakitud till (värske või kuivatatud), maitse järgi
- Must pipar, maitse järgi

JUHISED:
a) Sega kausis tuunikala, röstimata nisuidud, kergelt lahtiklopitud munad, tomatimahl, hakitud till ja must pipar.
b) Segage kõik koostisosad hästi, kuni need on ühtlaselt segunenud.
c) Kuumuta praepannil keskmisel kuumusel õli.
d) Vormi tuunikala segust meelepärase suurusega pätsikesed. Soovi korral saate teha väikeseid pätsikesi kiiremaks küpsetamiseks või suuremaid.
e) Prae tuunikalakotletid kuumas õlis mõlemalt poolt, kuni need muutuvad kuldpruuniks ja krõbedaks.
f) Pärast küpsetamist eemaldage Arancini pannilt ja asetage need paberrätikutega kaetud taldrikule, et liigne õli imada.
g) Serveerige tuunikala Arancini veel soojalt ja nautige seda maitsvat ja maitsekat rooga.

VEISE-, LAMBALIHAA- JA SEALIHA ARANCINI

61. Sitsiilia veiseliha Arancini

KOOSTISOSAD:
- 1 retsept Itaalia stiilis veiselihavorst
- ¼ tassi kuiva leivapuru
- ¼ tassi riivitud sibulat
- 2 muna, jagatud
- 2 spl hakitud värsket basiilikulehte
- 24 kirsisuurust toormozzarella juustu palli
- 3 tassi valmistatud risotot, jahutatud
- 1-½ tassi Panko leivapuru
- 8 tassi taime- või rapsiõli praadimiseks

GARNIS:
- 1 tass marinara kastet (valikuline)
- Riivitud parmesani juust (valikuline)

ITAALIA STIILNE VEISELIHAVORST:
- 1 nael veisehakkliha (80% lahja või lahja)
- 1 tl apteegitilli seemet
- ½ tl soola
- ¼ tl jahvatatud koriandrit
- ¼ tl küüslaugupulbrit
- ¼ teelusikatäit paprikat
- ¼ tl musta pipart
- ⅛ kuni ¼ tl purustatud punast pipart

JUHISED:
a) Kuumuta oma ahi temperatuurini 400 ° F. Sega suures kausis Itaalia stiilis veiselihavorsti segu, riivsai, riivitud sibul, 1 muna ja hakitud basiilik. Sega korralikult läbi.
b) Vormige segust 24 lihapalli, millest igaüks on umbes 1 tolli suurune. Asetage mozzarellapall iga lihapalli keskele, tagades, et see oleks täielikult veiselihaseguga kaetud.
c) Asetage lihapallid alumiiniumfooliumiga vooderdatud ja küpsetuspritsiga kaetud broilerirestile. Küpseta 400 °F ahjus 18–20 minutit või kuni sisetemperatuur jõuab 165 °F-ni. Laske neil veidi jahtuda.

ITAALIA STIILNE VEISELIHAVORST:
d) Kombineerige koostisosad suures kausis, et valmistada Itaalia stiilis veiselihavorsti.
e) Segage neid koostisosi kergelt.
f) Jaga jahtunud risoto 24 palliks, igas umbes 2 supilusikatäit. Tasandage iga risotopall kettaks ja keerake see ümber iga lihapalli, tagades, et lihapall on täielikult kaetud.
g) Klopi väikeses madalas kausis lahti ülejäänud muna. Asetage Panko leivapuru eraldi madalasse kaussi. Kasta iga risotoga kaetud lihapall lahtiklopitud munasse ja määri seejärel Pankoga.
h) Kuumutage keskmises või suures kastrulis vähemalt 3 tolli õli temperatuurini 375 ° F.
i) Prae Arancinit 2 või 3 kaupa kuumas õlis iga kord umbes 5 minutit või kuni need on küpsed ja kuldpruunid. Eemaldage need lusikaga ja nõrutage paberrätikuga vooderdatud taldrikule.
j) Serveeri Sitsiilia veiseliha arancini marinara kastme ja riivitud parmesaniga, kui soovite. Nautige!

62. Juustune vasikaliha Arancini

Mark: 24

KOOSTISOSAD:
Liha täidis:
- 1 spl oliiviõli
- 1 spl võid
- 1 nael jahvatatud vasikaliha
- ½ tl soola ja värskelt jahvatatud pipart
- 1 peeneks hakitud sibul
- 2 hakitud küüslauguküünt
- 2 tassi kuubikuteks lõigatud konservtomateid
- ¼ tassi peeneks hakitud värsket basiilikut

RISOTTO:
- 7 tassi madala naatriumisisaldusega kanapuljongit
- ¼ tassi oliiviõli
- 1 peeneks hakitud sibul
- 2 tassi Arborio riisi
- 1 loorberileht
- ½ tl soola ja värskelt jahvatatud pipart
- 1 tass kuiva valget veini

KOOSTAMINE:
- 1⅓ tassi riivitud parmesani juustu
- 8 untsi pühvli mozzarellat, lõigatud ½ tolli (1 cm) kuubikuteks
- 4 tassi kuivatatud riivsaia
- 1 ½ teelusikatäit soola ja värskelt jahvatatud pipart
- 2 tassi universaalset jahu
- 4 lahtiklopitud muna
- Taimeõli praadimiseks

JUHISED:
LIHATÄIDIS:
a) Kuumuta oliiviõli ja või pannil keskmisel-kõrgel kuumusel. Murenda vasikaliha ja maitsesta soola ja pipraga. Küpseta 5–8 minutit, aegajalt segades, kuni see on kuldpruun. Alandage kuumust keskmisele, seejärel segage sibul ja küüslauk. Keeda 5 minutit, kuni see on pehmenenud.

b) Lisa tomatid ja hauta aeg-ajalt segades 20–30 minutit, kuni suurem osa vedelikust on vähenenud ja pann on kuiv.
c) Sega juurde basiilik. Laske sellel täielikult jahtuda.

RISOTTO:
d) Vala kanapuljong keskmisele kuumusele seatud kastrulisse ja lase keema tõusta. Kuumuse säilitamiseks vähendage kuumust madalaks.
e) Kuumutage oliiviõli Hollandi ahjus keskmisel kuumusel. Lisa hakitud sibul ja küpseta 5 minutit, kuni see on pehme. Lisa Arborio riis, loorberileht, sool ja pipar. Küpseta 2 minutit, kuni see on hästi kaetud.
f) Vala juurde vein ja küpseta pidevalt segades, kuni peaaegu kogu vedelik on imendunud. Lisage kõik puljong peale ½ tassi (125 ml) 1 tass (250 ml) korraga ja segage pidevalt 25–30 minutit, kuni riis on pehme, kuid keskelt veel veidi tahke. Segage reserveeritud ½ tassi (125 ml) puljongit. Küpseta 2–3 minutit, kuni see on läbi kuumutatud. Eemaldage kuumusest ja visake loorberileht ära.
g) Segage lihatäidis risotoga, kuni see on hästi segunenud. Laota see suurele ahjuplaadile ja lase jahtuda toatemperatuurini. Katke ja hoidke külmkapis vähemalt 6 tundi või parima tulemuse saavutamiseks üleöö.

KOOSTAMINE:
h) Sega risotosegu hulka parmesani juust. Veeretage ¼ tassi (60 ml) riisisegust palliks, luues keskele ruumi täidise jaoks. Asetage iga palli keskele mozzarella kuubik ja vormige riis täidisega ümber. Korrake 24 riisipalli valmistamiseks.
i) Maitsesta riivsai soola ja pipraga. Määri riisipallid esmalt jahuga, seejärel kasta lahtiklopitud munadesse ja lõpuks veereta riivsaias, kuni need on korralikult kaetud.
j) Samal ajal valage fritüüri või kastrulisse nii palju õli, et see ulatuks panni külgedest umbes 4 tolli (10 cm) kõrgusele, ja kuumutage see temperatuurini 350 °F (180 °C). Prae riisipalle partiidena 3–4 minutit, kuni need on kuldpruunid.
k) Viige need paberrätikuga vooderdatud alusele. Serveeri soojalt või toatemperatuuril.

63. Ragu ja Pecorino Arancini

Mark: 34 Arancini

KOOSTISOSAD:
RAGU JAOKS:
- 3 supilusikatäit oliiviõli
- 1 keskmine kollane sibul, tükeldatud
- 1 oksake rosmariini, lehed hakitud
- 8 untsi jahvatatud veiseliha
- 8 untsi sealihavorsti, kestad eemaldatud
- ⅓ tassi punast veini
- 1 tass tomatipastat
- koššersool, maitse järgi

ARANCINI KOHTA:
- 4 tassi Arborio riisi
- koššersool, maitse järgi
- 2 tl safloori- või safranipistikke
- 2 tassi liha ragu
- 5 ¼ untsi või 1 tass Pecorino juustu, kuubikuteks
- 2 tassi (275 grammi) (00) nisujahu
- 2 tassi (230 grammi) tavalist riivsaia
- Maapähkliõli, praadimiseks

JUHISED:
VALMISTA RAGU:
a) Kuumuta oliiviõli suures kastrulis keskmisel kuumusel. Lisa kuubikuteks lõigatud sibul ja hakitud rosmariin, kuumuta pehmeks umbes 2 minutit.
b) Lisage veisehakkliha ja vorst, purustades need puulusikaga, ja küpseta kuldpruuniks, mis peaks võtma 7–8 minutit.
c) Vala juurde punane vein ja küpseta, kuni see on poole võrra vähenenud, umbes 1 minut. Seejärel lisage tomatipasta ja küpseta, kuni see pakseneb, umbes 5 minutit. Maitsesta soolaga ja lase täielikult jahtuda.

VALMISTAGE ARANCINI:
d) Leota safranit 2 lusikatäies soojas vees üleöö. Järgmisel päeval visake safranipistikud ära, kuid säilitage safraniga infundeeritud vesi.
e) Kuumuta suures kastrulis keskmisel-kõrgel kuumusel 5 tassi (1,18 liitrit) vett keema. Lisa Arborio riis ja maitsesta soolaga. Alandage kuumust madalal keemisel, sageli segades, kuni riis on al dente, mis peaks võtma umbes 30 minutit. Lisa safranivesi ja sega ühtlaseks. Laota riis ühtlaselt plaadialusele jahtuma.
f) Kui riis on jahtunud, tehke käed märjaks ja vormige sellest 36 palli, millest igaüks kaalub umbes 60 grammi. Täida iga riisipall umbes 1 supilusikatäie valmistatud ragu ja 1 kuubiku Pecorino juustuga.
g) Klopi keskmises kausis kokku nisujahu ja 2 tassi (100 ml) külma vett. Tainas peaks olema parajalt paks, sarnane krepptaignale. Kasta iga Arancini taignasse ja veereta seejärel riivsaias.
h) Kuumuta maapähkliõli suures kastrulis, kuni see fritüürtermomeetril saavutab 350 °F (180 °C). Prae Arancinit partiidena, kuni need on väljast kuldsed, mis võtab tavaliselt umbes 5 minutit. Tõsta need lusikaga paberrätikuga vooderdatud taldrikule, maitsesta soolaga ja serveeri.

64. Tõmmatud sealiha Arancini

KOOSTISOSAD:
- BBQ British Tõmmatud sealiha
- 2 sibulat
- 70 g Parmesani juustu
- 1 sidrun
- 30 g soolamata võid
- Oliiviõli
- 500 g risoto riisi
- 1 suur näputäis safranit
- 175 ml kuiva Itaalia valget veini
- 2 liitrit köögiviljapuljongit
- 1 liiter taimeõli

JUHISED:

a) Alustuseks asetage pakk BBQ Slow Cooked Tõmmatud sealiha ahju ja küpsetage seda vastavalt pakendi juhistele. Küpsetamise ajal võite hakata oma Tõmmatud sealiha arancini valmistama. Võite ka rebitud sealiha välja lülitada ja kasutada meie peekonit või sinki teistsuguse, kuid sama maitsva vahelduse jaoks.

b) Koori ja haki sibul peeneks, riivi peeneks parmesani juust ja puhasta sidrunist koor.

c) Pane suurele pannile või koos tilga oliiviõliga tasasele tulele. Lisa hakitud sibul ja küpseta 15 minutit või kuni need on pehmed, kuid mitte värvunud.

d) Tõstke kuumust keskmisele tasemele, lisage risotoriis ja segage mõni minut, et iga tera oleks kaetud. Seejärel lisage safran ja segage hästi.

e) Vala juurde valge vein ja lase regulaarselt segades paar minutit podiseda. Alustage köögiviljapuljongi lisamist vähehaaval, segades seda läbi riisi ja laske igal kulbitäis enne järgmise lisamist imenduda. Jätkake seda protsessi, kuni riis on läbi keedetud, mis võtab tavaliselt umbes 15–20 minutit.

f) Sega hulka riivitud parmesan ja pigista peale veidi sidrunimahla, seejärel lase segul täidise valmistamise ajaks jahtuda.

g) Arancini valmistamiseks võta jahtunud risotot pihku. Tõsta keskele 1 supilusikatäis täidisesegu ja keera risoto ümber, et see täielikult suletuks. Täidise keskele lisa suutäis rebitud sealiha. Korrake seda protsessi ülejäänud risoto ja täidisega.

h) Katte jaoks pane jahu, lahtiklopitud munad ja riivsai eraldi madalatesse kaussidesse. Kastke iga arancini pall ettevaatlikult jahusse, raputades maha kõik ülejäägid, seejärel munasse ja lõpuks riivsaiasse, tagades, et riis on täielikult kaetud. Pange need kõrvale.

i) Valage taimeõli sügavasse paksupõhjalisse kastrulisse ja kuumutage kõrgel kuumusel. Õli valmimise kontrollimiseks tilguta sisse paar riivsaia – kui need särisevad ja hõljuvad, on õli valmis.

j) Laske arancinid ettevaatlikult lusikaga kuuma õli sisse, neljakaupa ja prae neid umbes 8 minutit või kuni need on kuldsed ja krõbedad. Tõsta praetud arancini kahekordsele köögipaberile nõrguma.

k) Nautige oma maitsvat Tõmmatud sealiha Arancinit!

65. Lambalihaaliha Arancini

Mark: 16

KOOSTISOSAD:
- 25 g soolamata võid
- 200 g Arborio riisi
- 500 ml kanapuljongit
- 1½ supilusikatäit oliiviõli
- 1 suur sibul, kooritud ja tükeldatud
- 2 küüslauguküünt, kooritud ja purustatud
- 250 g lambalihaahakkliha
- Sool ja must pipar
- 1½ tl jahvatatud piment
- 15 g hakitud tilli
- 10 g hakitud piparmünt
- 1½ tl kuivatatud piparmünt
- Umbes 50g tavalist jahu, rullimiseks
- 2 muna, kergelt lahtiklopitud
- 150 g värsket riivsaia
- Umbes 300ml päevalilleõli, praadimiseks
- 1 sidrun, lõigatud 4 viilu, serveerimiseks

JUHISED:
a) Sulata keskmisel pannil või. Lisa riis ja tõsta kuumust kõrgeks. Keeda kaks minutit, pidevalt segades. Lisa 100 ml puljongit ja keeda veel kaks minutit.
b) Alandage kuumust, seejärel lisage järk-järgult ülejäänud puljong, segades sageli, kuni kogu puljong on imendunud ja riis on al dente keedetud (kui see vajab pärast puljongi kasutamist rohkem keetmist, lisage veidi keevat vett). See etapp peaks kesta 40-45 minutit. Tõsta keedetud riis kaussi ja tõsta kõrvale.
c) Kuumuta oliiviõli praepannil keskmisel-kõrgel kuumusel. Lisa hakitud sibul ja purustatud küüslauk ning küpseta viis minutit, aeg-ajalt segades, kuni sibul on pehmenenud. Lisa lambalihaahakkliha, kolmveerand teelusikatäit soola ja ohtralt jahvatatud musta pipart. Küpseta veel viis minutit, aeg-ajalt segades, kuni lambalihaaliha on läbi küpsenud.
d) Nõruta pannilt suurem osa õlist või tõsta segu kurni ja lase mõni minut nõrguda. Seejärel lisage liha soojale riisile koos pimenti, tilli, värske ja kuivatatud piparmündi ning veel veidi musta pipraga. Segage, seejärel vormige segust kätega umbes 50 g kaaluvad pallid.
e) Pane jahu, muna ja riivsai eraldi kaussidesse. Veereta riis ja lihapallid kõigepealt jahus, seejärel munas ja lõpuks riivsaias, et need oleksid korralikult kaetud.
f) Valage suurele pannile nii palju päevalilleõli, et see kerkiks külgedelt 0,5 cm. Pane pann keskmisele-kõrgele tulele ja kui see on soe (testige leivakuubiku sisse tilgutamisega: see peaks särisema ja muutuma kuldseks ja krõbedaks umbes 40 sekundiga), prae pallikesi partiidena neli kuni viis minutit, keerake neid, et need muutuksid igast küljest kuldseks ja krõbedaks.
g) Tõsta köögipaberiga vooderdatud taldrikule ja hoia neid ülejäänud arancini küpsetamise ajal soojas.
h) Serveeri lambalihaaliha arancini kuumalt koos sidruniviiluga küljel. Nautige!

66. Chorizo-täidisega Arancini Bites

KOOSTISOSAD:
- 400 g keedetud risoto riisi, nagu arborio
- 3 muna
- 3 spl sulatatud heledat võid
- 2 spl riivitud parmesani
- 100 g riivitud mozzarellat
- 135 g panko riivsaia
- 1 spl itaalia maitseainet
- 200 g keedetud chorizot
- õlipihusti
- Sool ja pipar maitse järgi

JUHISED:
a) Laske jahutatud riisil soojeneda toatemperatuurini.
b) Klopi suures kausis lahti 2 muna, lisa sulatatud või, parmesan, suurem osa mozzarellast ja maitsesta.
c) Sega teises kausis riivsai ja Itaalia maitseaine.
d) Võtke supilusikatäis riisisegu, suruge see palliks ja seejärel lapikuks.
e) Asetage keskele tükk chorizo koos mõne muna ja mozzarella seguga.
f) Kata täidis riisiga ja veereta palliks. Selle protsessi hõlbustamiseks peate võib-olla käsi niisutama.
g) Klopi eraldi kausis lahti ülejäänud muna. Kasta riisipall muna sisse, seejärel veereta riivsaias katteks. Korrake ülejäänud seguga.
h) Piserdage riisipallid põhjalikult madala kalorsusega pihustiga ja küpseta neid eelsoojendatud õhufritüüris 190°C juures 8 minutit.

67. Arancini singiga

KOOSTISOSAD:
TAIGNA JAOKS:
- 2 spl soolata võid
- 1 spl oliiviõli
- Napp ½ tassi pleegitamata universaaljahu
- 2 tassi piima, toatemperatuuril
- ¼ naela sinki, tükeldatud väikesteks tükkideks
- Näputäis muskaatpähklit
- Sool (maitse järgi, vajalik ainult siis, kui teie sink pole liiga soolane)

Arancini paneerimiseks:
- 1 muna, kergelt lahtiklopitud
- ½ - ¾ tassi leivapuru
- Praadimiseks:
- Õli praadimiseks

JUHISED:
TÄIDISE VALMISTAMISEKS:
a) Sulata keskmisel kuumusel praepannil või ja õli.
b) Lisa jahu ja sega, et see täielikult niisutaks. Prae jahu, kuni see hakkab muutuma helepruuniks (2-3 minutit).
c) Lisage järk-järgult piim, pidevalt segades, kuni olete kõik lisanud. (Esialgu võib tunduda, et te ei saa ühtlast kastet, kuid jätkake kummilabidaga tööd, lisades korraga veidi piima, ja see ühtlustub.) Vähendage kuumust keskmisele-madalale, kui piim näib kõrbevat enne roux'ga täielikku segamist.
d) Jätkake segu kuumutamist, kuni see muutub kreemjaks, paksuks ja siledaks.
e) Lisa kuubikuteks lõigatud sink ja muskaatpähkel. Sega hästi.
f) Maitse segu ja vajadusel lisa soola.
g) Eemaldage segu tulelt ja laske veidi jahtuda.
h) Tõsta tainas pajavormi, kata see kilega (või kaanega) ja hoia tainas üleöö külmkapis.

ARANCINI KUJUMINE:
i) Aseta lahtiklopitud muna madalasse kaussi. Asetage riivsai teise laia kaussi.
j) Töötades korraga umbes 2 supilusikatäie taignaga, vormige jahutatud tainast väikesed paksud pöidlad.
k) Kastke iga arancini ükshaaval lahtiklopitud munasse, muutes kattekihiks.
l) Seejärel veereta seda riivsaias, vajutades katteks.
m) Asetage paneeritud Arancini pärgamendiga kaetud ahjuplaadile. Kui kõik Arancini on paneeritud, asetage oma küpsetusplaat 10–15 minutiks sügavkülma, et need veidi tahkuksid.

KOHE VALMISTAMISEL:
n) Sel hetkel võite madalal pannil kuumutada ½ tolli taimeõli keskmisel kõrgel kuumusel.
o) Prae jahutatud Arancinit partiidena, vältides õli tunglemist, 1–2 minutit mõlemalt poolt, kuni see on kuldpruun.
p) Eemaldage Arancini pannilt ja asetage need paberrätikuga vooderdatud vaagnale veidi jahtuma.
q) Serveeri soojalt!

68. Veiseliha Arancini

KOOSTISOSAD:
- 2 tassi keedetud veisehakkliha
- Sool ja pipar
- 2 spl Vett
- 1 tass Paks valget kastet
- Selleri sool
- 1 muna, kergelt pekstud

JUHISED:
a) Sega liha ja valge kaste. Maitsesta maitse järgi. Sega korralikult läbi.
b) Lahe. Vormi pallid, koonused või silindrid. Veereta purus. Prae sügavas rasvas (385F) pruuniks.
c) Nõruta kortsus imaval paberil. 8 portsjonit.

69. Vasikaliha Arancini

KOOSTISOSAD:
- 1 tass valget kastet
- 4 tassi keedetud vasikaliha, tükeldatud
- 1 tl Sool
- ½ tl pipart
- 2 tl sidrunimahla
- Kreekeripuru

JUHISED:
a) Sega kausis valge kaste, keedetud tükeldatud vasikaliha, sool, pipar ja sidrunimahl. Sega hästi, kuni kõik koostisosad on ühtlaselt segunenud.
b) Laske segul jahtuda, kuni seda on lihtne käsitseda.
c) Vormi segust Arancini või mis tahes soovitud kuju. Saate moodustada väikeseid palle või silindrilisi kujundeid.
d) Veereta Arancini kreekeripurus, kattes need põhjalikult.
e) Kuumuta sügaval pannil või pannil õli keskmisel-kõrgel kuumusel.
f) Prae vasikaliha Arancini kuumas õlis, kuni need muutuvad pealt kuldpruuniks ja krõbedaks.
g) Pärast küpsetamist eemaldage Arancini õlist ja asetage need paberrätikutega vooderdatud taldrikule, et liigne õli välja voolaks.
h) Serveeri vasikaliha Arancini, kui see on veel kuum, ja naudi seda maitsvat ja rahuldavat rooga.

70. Rämpsposti Arancini Salsaga

KOOSTISOSAD:
- 1 purk rämpspostiga lõunasöögiliha (12 untsi), helvestatud
- ¾ tassi peent kuiva leivapuru, jagatud
- ⅓ tassi hakitud sellerit
- ⅓ tassi hakitud rohelist sibulat
- 1 muna
- 1 supilusikatäis majoneesi
- 1 spl Dijoni sinepit
- ½ tassi hakitud peterselli või koriandrit
- ¼ tassi oliiviõli
- Chi-Chi salsa (serveerimiseks)

JUHISED:
a) Segage suures segamiskausis rämpspost, ¼ tassi riivsaia, hakitud seller, hakitud roheline sibul, muna, majonees, Dijoni sinep ja hakitud petersell või koriander. Sega hästi, kuni kõik koostisosad on ühtlaselt segunenud.
b) Kuumuta oliiviõli suurel pannil keskmisel-kõrgel kuumusel.
c) Asetage ülejäänud ½ tassi leivapuru madalasse nõusse.
d) Võtke umbes 2 supilusikatäit rämpsposti segu ja vormige see umbes ½ tolli paksuseks pätsiks.
e) Katke vormitud pätsike riivsaiaga, veendudes, et see oleks igast küljest täielikult kaetud.
f) Prae kaetud pätsi kuumas õlis, kuni see muutub mõlemalt poolt kuldpruuniks, umbes 2-3 minutit mõlemalt poolt. Prae Arancini partiidena, et vältida panni ülerahvastatust.
g) Eemaldage küpsetatud Arancini pannilt ja asetage need paberrätikutega vooderdatud taldrikule, et liigne õli välja voolaks.
h) Serveeri Spam Arancini soojalt koos Chi-Chi salsaga kastmiseks. Need soolased ja krõbedad Arancini on maitsvad eelroad või suupisted igaks puhuks. Nautige!

71. Hapukapsas ja vorst Arancini

KOOSTISOSAD:
- ½ naela sealiha vorstiliha
- 2 ½ supilusikatäit veetustatud sibulat, hakitud
- 8 untsi hapukapsast, nõrutatud ja tükeldatud
- 2 spl tavalist kuiva leivapuru
- 3 untsi toorjuustu, pehmendatud
- 1 tl kivijahvatatud sinepit
- 1 küüslauguküüs, pressitud
- ¼ teelusikatäit musta pipart
- 2 muna, hästi pekstud
- 1 tass tavalist kuiva leivapuru
- Toiduõli (praadimiseks)

JUHISED:

a) Pruunista sealihavorst hakitud sibulaga pannil täielikult küpseks. Kurna pannilt üleliigne rasv ning lisa tükeldatud hapukapsas ja 2 spl riivsaia. Sega korralikult läbi ja tõsta kõrvale.

b) Sega eraldi kausis pehme toorjuust, sinep, pressitud küüslauk ja must pipar. Segage hoolikalt, kuni see on hästi segunenud.

c) Sega toorjuustusegu vorsti-hapukapsa segusse, tagades selle ühtlase jaotumise. Aseta segu umbes 30 minutiks külmkappi tahenema.

d) Kuumuta oma ahi temperatuurini 375 kraadi Fahrenheiti (190 kraadi Celsiuse järgi).

e) Võtke külmkapis jahutatud segu ja vormige sellest väikesed pallikesed, mis on umbes suupistesuurused Arancini suurused.

f) Kastke iga Arancini lahtiklopitud munadesse, tagades, et need on igast küljest kaetud.

g) Veeretage munaga kaetud Arancini kuivas riivsaias, veendudes, et need on täielikult kaetud.

h) Kuumuta sügaval pannil või pannil keskmisel-kõrgel kuumusel praadimiseks piisavalt toiduõli.

i) Prae paneeritud Arancini kuumas õlis, kuni need muutuvad igast küljest kuldpruuniks. Nõruta need paberrätikutel, et eemaldada liigne õli.

j) Aseta praetud Arancini ahjuplaadile ja küpseta eelkuumutatud ahjus 15-20 minutit, vahetult enne serveerimist. See aitab tagada, et need on täielikult küpsenud ja läbi kuumutatud.

k) Serveerige maitsvat hapukapsast ja vorstist Arancinit meeldiva eelroana või suupistena, mis sobib suurepäraselt igaks koosviibimiseks või peoks. Nautige!

72. Lambalihaaliha Arancini

KOOSTISOSAD:
- 1 nael jahvatatud lambalihaaliha
- ¼ tassi järelejäänud röstitud kartulit või kartulipüree
- ¼ riivitud Parmigiano RMunaiano
- 2 küüslauguküünt, hakitud
- 2 supilusikatäit värske petersell, peeneks hakitud
- 2 supilusikatäit värske piparmünt, peeneks hakitud
- ½ tl soola
- ⅛ tl musta pipart
- ½ tl köömneid
- ¼ teelusikatäit koriandrit
- ¼ teelusikatäit kaneeli
- ½ tl maitsepipart
- ¼ teelusikatäit nelki
- ½ tl oreganot
- 2 muna lahtiklopitud
- 1 tass panko riivsaia või tavalist riivsaia
- ¼ tassi oliiviõli
- Serveerimiseks Tzatziki või Tahini kaste

JUHISED:

a) Kuumuta ahi 350 kraadini F. Valmistage ette kaks küpsetusplaati, pihustades neile mittenakkuvat pihustit või kasutades libisemismatti. Kõrvale panema.
b) Sega lambalihaaliha, röstitud kartulid või kartulipuder, Parmigiano RMunaiano, küüslauk, petersell, minut, sool, pipar, köömned, koriander, kaneel, piment, nelk ja pune suures kausis ning sega, kuni kõik on segunenud.
c) Jagage lambalihaalihasegu 12–14 osaks ja rullige iga tükk ühtlase suurusega palgikujulisteks vormideks.
d) Pane muna madalasse kaussi ja riivsai madalasse kaussi.
e) Veereta palke munasegus ja seejärel riivsaia segus ja tõsta ahjuplaadile.
f) Kuumuta suur pann keskmisel kuumusel ja lisa 2 supilusikatäit. oliiviõli. Pane pool lambalihaalihast pannile ja küpseta 5 minutit ning keera ümber ja küpseta veel 5 minutit. Eemaldage ja asetage tagasi küpsetusplaadile.
g) Lisa ülejäänud 2 supilusikatäit. pannile oliiviõli ja lisa ülejäänud pool lambalihaalihast. Küpseta 5 minutit mõlemalt poolt. Eemaldage ja lisage küpsetusplaadile.
h) Küpseta lambalihaaliha Arancinit ahjus 10 minutit.
i) Eemalda ja serveeri lambalihaaliha tzatziki kastme või piparmündikastmega. Kaunista värske piparmündi ja peterselliga.

PUUVILJAD ARANCINI

73. Puuviljadega täidetud Arancini

KOOSTISOSAD:
- 400 g risoto riisi
- 100 ml valget veini
- 700 ml vett
- 400 ml piima
- 150 g Võid
- 200 g Suhkur
- 2 tükki vaniljekaun
- 6 munakollast igast
- 50 g Pre-Dust
- 300 g Tempura tainast
- 500 g külma vett
- 100 g maisihelbepuru
- 20 tk Kivideta kirsid, aprikoosid või vaarikad, murakad, maasikad

JUHISED:
VALMISTA RISOTTO:
a) Sega vesi ja piim ning kuumuta potis kõrvale hoides. Eraldi potis sulata või.
b) Lisa risotoriis ja prae näputäie soolaga 1-2 minutit.
c) Deglaseerige valge veiniga ja vähendage ⅓ võrra. Alustage piima/vee lisamist vahukulbide kaupa ja vähendage seda alati ⅓ võrra, jätkates seni, kuni riis on al dente.
d) Tõsta tulelt, lisa munakollased, suhkur ja kraabitud vaniljekaun.
e) Laota risoto suurele alusele ja pane 2-3 tunniks külmkappi, kuni see on täiesti külm.
f) Vormi niiskete kätega väikesed risotopallid ja topi vili risotopalli keskele. Tõsta veel 30 minutiks külmkappi.
g) Puhastage magus Arancini eeltolmuga.
TEMPURA taigna valmistamine:
h) Lahusta Tempura Batter külmas vees. Lase taignal 10 minutit seista, seejärel kasta risotopallid taignasse.
i) Määri risotopallid maisihelbepuruga.
Praadida ARANCINI:
j) Prae purustatud risotopalle 175°C juures 3-4 minutit. Nõruta need paberrätikul ja serveeri tuhksuhkruga üle puistatuna.
k) Nautige oma krõbedat puuviljadega täidetud arancinit!

74. Arancini vaarikas ja kookos

Teeb 7 portsjonit

KOOSTISOSAD:
- 600 ml piima
- 1 tass kookospiima
- 250 ml koort
- 1 tükeldatud vaniljekaun
- 50 g tuhksuhkrut
- ¼ tl jahvatatud kaneeli
- 150 g arborio riisi
- 1 tass panko kuivatatud riivsaia
- 125 g tuhksuhkrut
- ½ tl jahvatatud kaneeli
- 1 muna, kergelt lahtiklopitud
- ½ tassi vaarikamoosi
- ½ tassi kookospähklit

JUHISED:

a) Alusta riisipudingi valmistamisega. Sega tugevas kastrulis piim, kookospiim, koor ja tükeldatud vanillikaun.
b) Kuumuta, kuni see hakkab just keema. Tõsta tulelt ja sega juurde 50 g tuhksuhkrut ja kaneeli. Lisa arborio riis ja tõsta tagasi tulele.
c) Laske segul segades podiseda umbes 40 minutit või kuni riis muutub kreemjaks. Eemalda vaniljekaun ja sega hulka kookospähkel. Lase riisipudingi segul täielikult jahtuda.
d) Sega madalas kausis kokku panko puru, 125 g tuhksuhkrut ja pool teelusikatäit kaneeli. Purusta panko puru sõrmede vahel, et nende suurust veidi vähendada.
e) Võtke suure lusikaga riisisegust võrdsed osad ja vormige need pallideks. Kasutage pöialt, et luua iga palli keskele lohk. Täida lohk vaarikamoosiga ja ümbritse ettevaatlikult pall riisiga. Korrake seda protsessi ülejäänud riiseseguga.
f) Aseta lahtiklopitud muna eraldi kaussi. Kasta iga pall lahtiklopitud muna sisse ja veereta seejärel panko purusegus.
g) Kuumuta õli fritüüris 180°C-ni. Prae arancinit partiidena umbes 2 minutit või kuni need muutuvad kuldpruuniks. Eemaldage need õlist ja nõrutage paberrätikutel.
h) Nautige oma veetlevat vaarika- ja kookospähkli Arancinit!

75. Arancini õunakook

Valmistab: 18 portsjonit

KOOSTISOSAD:
- 1 tass arborio riisi
- 1 liiter täispiima
- ½ tassi tuhksuhkrut
- 1 tl jahvatatud kaneeli
- ¼ tl jahvatatud nelki
- 3 rohelist õuna, riivitud
- 1 tass tavalist jahu
- 2 muna, vahustades tilga piimaga
- 1 tass kuivatatud riivsaia
- Lupi eriti maheda maitsega oliiviõli (praadimiseks)
- tuhksuhkur (puistamiseks)
- Vaniljejäätis (valikuline, serveerimiseks)

JUHISED:
a) Alustuseks loputage riis põhjalikult ja laske sellel nõrguda.
b) Sega keskmises kastrulis piim, suhkur, jahvatatud kaneel ja jahvatatud nelk. Kuumuta segu keemiseni. Lisa riis ja alanda kuumus väga madalale. Kata kaanega ja küpseta regulaarselt segades umbes tund, kuni piim on täielikult imendunud. Sega hulka riivitud õun, seejärel hoia segu üleöö külmkapis, et see tahkuks.
c) Jagage jahutatud riisisegu 18 portsjoniks, igaüks umbes ¼ tassi. Vormi igast portsjonist pall, seejärel veereta need jahus, et katta, raputades maha kõik ülejäägid. Järgmisena kasta need munapesusse ja lõpuks veereta riivsaias, et need korralikult kataks.
d) Kuumuta Lupi Extra Mild Taste Oliiviõli fritüüris või keskmises kastrulis 180 kraadini. Prae arancinit korraga 3 kaupa, kuni need muutuvad kuldpruuniks. Eemaldage need õlist ja nõrutage paberrätikutel.
e) Serveeri tuhksuhkruga üle puistatud õunakook Arancini. Soovi korral naudi neid vaniljejäätisega.

76. Mango Arancini

Valmistamine: 12 tükki

KOOSTISOSAD:
MANGO TÄIDISEKS:
- 1 mango, tükeldatud
- Purustatud pistaatsiapähklid
- Helbed mandlid
- 2 muna
- 60 grammi suhkrut
- 1 kaneelipulk
- 1 vaniljekaun
- 25 cl vahukoort
- 100 ml piima
- 150 grammi ümarat riisi
- Ühe sidruni koor
- 1 spl suhkrut
- Näputäis soola

KARAMELLEKASTME JAOKS:
- 100 grammi suhkrut
- 2 supilusikatäit keedukreemi

JUHISED:
MANGO TÄIDIS:
a) Sega kausis tükeldatud mango, suhkur ja sidrunikoor. Kõrvale panema.
b) Loputa riis ja nõruta.
c) Sega kastrulis piim, koor, vanilje viljaliha, kaneelipulk, suhkur ja riis. Kuumuta ja küpseta õrnalt 45 minutit, sageli segades.
d) Laske riisisegul jahtuda, laotage see nõusse ja hoidke 1 tund külmkapis.
e) Vormi riis pallideks ja aseta keskele mangokuubik.
f) Kasta riisipallid lahtiklopitud munadesse, seejärel veereta neid mandli- ja pistaatsia riivsaias.
g) Kuumuta praeõli keemiseni ja prae riisipalle, kuni need muutuvad kuldpruuniks.

KARAMELLKASTE:
h) Kuumuta potis suhkur.
i) Kui see muutub merevaiguliseks, lisage koor tulelt.
j) Sega tugevalt.
k) Serveeri mango arancinit koos külma karamellkastmega.

77. Sibul ja õun Arancini

KOOSTISOSAD:

Arancini jaoks:
- 6 suurt kõvaks keedetud muna, peeneks hakitud
- 2 spl hakitud sibulat
- ¼ tassi tükeldatud kuivatatud õuna
- ½ tassi bešamellikastet
- 1 tl jahvatatud köömneid või maitse järgi
- 1 spl Värske sidrunimahl või maitse järgi
- Sool ja valge pipar maitse järgi
- 2 toored suured munad, kergelt lahti klopitud
- 2 tassi Värsket leivapuru
- Taimeõli Arancini praadimiseks

BECHAMELI KASTE:
- ½ tassi pudelis õunakastet
- 1 tl Pudelis mädarõigas
- 1 spl Hakitud sibul
- 3 supilusikatäit soolata võid
- ¼ tassi universaalset jahu
- 3 tassi piima
- ¼ teelusikatäit soola
- Valge pipar maitse järgi

JUHISED:
Arancini valmistamiseks:
a) Segage suures kausis tükeldatud kõvaks keedetud munad, hakitud sibul, hakitud kuivatatud õun, bešamellikaste, jahvatatud köömned, värske sidrunimahl, sool ja maitse järgi valge pipar. Jahuta segu 30 minutiks külmikusse.
b) Vormige jahutatud segust 1-tollised pallid, et moodustada Arancini.
c) Kastke iga Arancini lahtiklopitud toores muna sisse, raputades üleliigne maha, ja veeretage neid seejärel värskes riivsaias. Aseta kaetud Arancini vahapaberiga kaetud ahjuplaadile.
d) Jahutage kaetud Arancini, mis on lahtiselt kaetud, 1 tund.
e) Kuumutage fritüüris või raskes pannil 2 tolli taimeõli temperatuurini 350 °F (175 °C).
f) Prae Arancini partiide kaupa kuumas õlis, aeg-ajalt keerates, kuni need on kuldsed ja krõbedad (umbes 2 minutit partii kohta). Tõsta praetud Arancini lusikaga paberrätikutele nõrguma.

BEKHAMELI KASTE TEGEMISEKS:
g) Küpsetage hakitud sibul kastrulis soolamata võis mõõdukalt madalal kuumusel, segades, kuni see on pehme.
h) Segage universaalne jahu ja keetke roux segades 3 minutit.
i) Lisa vähehaaval roux'le piim, tugevalt vahustades, kuni segu muutub paksuks ja ühtlaseks.
j) Kastme maitsestamiseks lisa sool ja valge pipar. Hauta kastet 10–15 minutit või kuni see saavutab soovitud konsistentsi.
k) Kurna kaste läbi peene sõela kaussi ja kata pind võiga määritud ümmarguse või vahapaberiga, et vältida naha moodustumist.
l) Serveerige muna, sibulat ja õuna-arancinit koos kreemja Bechamel-kastmega, et saada maitsvat ja veetlevat maiuspala. Nautige selle ainulaadse Arancini roa maitsete ja tekstuuride segu!

78. Õuna kaneel Arancini

KOOSTISOSAD:
- 2 tassi kooritud ja peeneks hakitud õunu
- ¼ tassi granuleeritud suhkrut
- 1 tl jahvatatud kaneeli
- 1 spl sidrunimahla
- 1 tass universaalset jahu
- ½ tassi piima
- 1 suur muna
- 1 tass riivsaia
- Taimeõli praadimiseks

JUHISED:
a) Sega kausis tükeldatud õunad, granuleeritud suhkur, jahvatatud kaneel ja sidrunimahl. Sega korralikult läbi ja jäta 10 minutiks kõrvale, et maitsed sulaksid.
b) Vahusta eraldi kausis jahu, piim ja muna ühtlaseks taignaks.
c) Võtke supilusikatäis õunasegu ja vormige sellest väike pall või Arancini.
d) Kastke iga Arancini taignasse, veendudes, et see oleks ühtlaselt kaetud, ja seejärel veeretage seda riivsaias, et kõik küljed kataks.
e) Kuumuta sügaval praepannil keskmisel kuumusel taimeõli. Prae Arancini partiide kaupa, kuni need muutuvad pealt kuldpruuniks ja krõbedaks. Eemaldage lusikaga ja asetage need paberrätikutega kaetud taldrikule, et liigne õli imada.
f) Serveeri õunakaneeli Arancini soojalt. Täiendava puudutuse saamiseks võite peale puistata tuhksuhkrut.

79. Banaanišokolaad Arancini

KOOSTISOSAD:
- 3 küpset banaani, purustatud
- ½ tassi šokolaaditükke
- ¼ tassi magustatud kondenspiima
- 1 tass universaalset jahu
- ½ tl küpsetuspulbrit
- Näputäis soola
- Taimeõli praadimiseks

JUHISED:
a) Segage kausis püreestatud banaanid, šokolaaditükid ja magustatud kondenspiim, kuni need on hästi segunenud.
b) Vahusta eraldi kausis jahu, küpsetuspulber ja sool.
c) Lisa banaanisegule kuivained ja sega, kuni moodustub pehme kleepuv tainas.
d) Võtke supilusikatäis tainast ja vormige sellest Arancini.
e) Kuumuta sügaval praepannil keskmisel kuumusel taimeõli. Prae Arancini partiide kaupa, kuni need on pealt kuldpruunid ja krõbedad. Eemaldage lusikaga ja asetage need paberrätikutega kaetud taldrikule, et eemaldada liigne õli.
f) Nautige maitsvat banaanišokolaadi Arancinit, kui see on veel soe ja šokolaad on kleepuv.

80. Segamarjad Ricotta Arancini

KOOSTISOSAD:
- 1 tass segatud marju (maasikad, mustikad, vaarikad)
- ½ tassi ricotta juustu
- 1 spl mett
- 1 tass universaalset jahu
- ½ tl küpsetuspulbrit
- Näputäis soola
- Taimeõli praadimiseks

JUHISED:
a) Sega kausis omavahel segatud marjad, ricotta juust ja mesi. Segage õrnalt, et vältida marjade purustamist, tagades, et kõik on hästi segunenud.
b) Vahusta eraldi kausis jahu, küpsetuspulber ja sool.
c) Lisa marjasegule kuivained ja sega, kuni saad pehme kleepuva taina.
d) Võtke supilusikatäis tainast ja vormige sellest Arancini.
e) Kuumuta sügaval praepannil keskmisel kuumusel taimeõli. Prae Arancini partiide kaupa, kuni need muutuvad pealt kuldpruuniks ja krõbedaks. Eemaldage lusikaga ja asetage need paberrätikutega kaetud taldrikule, et liigne õli imada.
f) Serveeri segamarja ricotta Arancini soojalt. Soovi korral võid peale niristada veel mett.
g) Nautige neid veetlevaid puuvilja Arancini magusa maiusena või erilise magustoiduna!

MEREVETIKAS ARANCINI

81. Merevetika Arancini pallid

KOOSTISOSAD:
- 1 sibul
- 2 küüslauguküünt
- 3 tassi köögiviljapuljongit
- 1 tass Arborio riisi
- 1 spl kreeka pähkleid
- ½ tassi mozzarellat
- ½ tassi fontina juustu
- 2 spl merevetikahelbeid
- 2 muna
- ½ tassi parmesani
- 1 ½ tassi leivapuru
- Õli praadimiseks

JUHISED:
a) Tükelda sibul ja küüslauk. Lisage suurde potti tilk õli ja sibul. Küpseta kuldseks, seejärel lisa küüslauk.
b) Lisa oma potti köögiviljapuljong ja Arborio riis. Alanda kuumust ja aseta potile kaas. Lase haududa 20 minutit või kuni riis on pehme.
c) Kui riis on valmis, võta see potist välja ja laota vooderdatud alusele jahtuma. Enne jätkamist laske riisil toatemperatuurini jahtuda.
d) Oodates, kuni riis jahtub, ühendage kausis mozzarella, fontina juust, hakitud kreeka pähklid ja merevetikad.
e) Klopi suures segamisnõus lahti munad ja sega hulka toasoe riis. Sega sisse ⅔ tassi riivsaia ja parmesan.
f) Võtke lame taldrik või roog ja valage sellele ülejäänud riivsai.
g) Nüüd tehke oma kätega 1,5-tolline riisist pall, seejärel suruge pöial keskele ja pange sisse 2 tl kreeka pähkli ja juustu segu. Näpi pall kokku ja veereta riivsaias. Korrake seda seni, kuni riis on otsas. Parimate tulemuste saavutamiseks pane pallid 1 tunniks külmkappi.
h) Kui olete valmis, võtke pann, lisage umbes 1,5 cm õli ja oodake, kuni see on väga kuum. Saate seda testida ühe oma Arancini palliga. Asetage see õli sisse ja kui see hakkab ümber servade mullitama, on teie õli valmis.
i) Lisage oma arancini pallid korraga 4 või 5 kaupa ja keerake neid iga paari minuti järel, kuni need on igast küljest kuldsed. See võtab tavaliselt 3-4 minutit. Eemaldage need lusikaga pannilt ja asetage mõnele paberrätikule.
j) Korrake kõigi pallidega.
k) Maitsesta ja serveeri enda valitud lisandiga. Nautige!

82. Spirulina ja seente arancini

Valmistab: 5

KOOSTISOSAD:
- 2 tassi taimetoidu puljongit (või kanapuljongit)
- 2 spl oliiviõli
- 1 sibul, peeneks hakitud
- 2 küüslauguküünt, purustatud
- 3 värsket Šveitsi pruuni või põldseent
- 2 kuivatatud shiitake seeni
- ¼ tassi viilutatud kuivatatud portobello seeni
- ½ tassi valget veini
- 1 ½ tassi (300 g) arborio riisi
- ¾ tassi (58 g) riivitud parmesani, mozzarellat või cheddari juustu
- 2 supilusikatäit värsket spirulinat
- ½ tassi (65 g) tavalist jahu
- 3 muna, lahtiklopitud
- 1 tass riivsaia
- Õli madalaks praadimiseks
- Sool, maitsestamiseks

JUHISED:
a) Kuumuta ahi 160°C-ni.
b) Aseta puljong kastrulisse keskmisel kuumusel. Kuumuta see keemiseni, seejärel alanda kuumust, kata kaanega ja keeda tasasel tulel.
c) Asetage kuivatatud seened 1 tassi kuuma vette. Kui kuivatatud seened on pehmed, pigista liigne vedelik välja ja tükelda need jämedalt. Lisa puljongile leotusvesi.
d) Tükelda värsked seened.
e) Kuumuta oliiviõli suurel pannil keskmisel kuumusel. Lisa peeneks hakitud sibul ja purustatud küüslauk ning küpseta 1-2 minutit või kuni need on pehmenenud.
f) Sega juurde tükeldatud seened ja küpseta 2-3 minutit, kuni need pehmenevad.
g) Alandage kuumust madalaks, lisage arborio riis ja segage 3–4 minutit, tagades, et see on ühtlaselt õliga kaetud.
h) Lisa valge vein ja küpseta, kuni see on riisi imendunud.
i) Alustage puljongi soojendamist ½ tassi portsjonite kaupa ja segage aeg-ajalt. Jätkake seda protsessi, kuni riis imab puljongi ja saavutab al dente konsistentsi. Segu peaks olema kergelt kleepuv.
j) Lisa korralikult segades riivjuust ja värske spirulina. Maitsesta segu maitse järgi soola ja pipraga. Laske sellel täielikult jahtuda.
k) Veereta kuhjaga supilusikatäit risotosegust pallikesed, puista need jahuga üle, kasta lahtiklopitud munadesse ja veereta seejärel riivsaias.
l) Prae pallikesed kergelt madalal, kuni riivsai muutub kuldpruuniks.
m) Tõsta pallid küpsetuspaberiga kaetud alusele ja küpseta veel 20 minutit.

83. Kombu ja pruun riis Arancini

KOOSTISOSAD:
RIISI KOHTA:
- 2 tassi keedetud pruuni riisi
- 1 tükk kombu (umbes 4-5 tolli)
- 4 tassi vett
- ½ tl soola

ARANCINI KOHTA:
- ½ tassi riivitud parmesani juustu
- ¼ tassi peeneks hakitud kombut (rehüdreeritud tükist)
- ¼ tassi peeneks hakitud värsket peterselli
- ¼ tassi riivsaia
- 2 muna, lahtiklopitud
- Sool ja pipar maitse järgi
- Taimeõli praadimiseks

JUHISED:
a) Lase suures potis 4 tassi vett keema.
b) Lisa kombu ja hauta umbes 10 minutit. See lisab veele kombu ainulaadse maitse.
c) Eemaldage kombu, lõigake see väikesteks tükkideks ja asetage kõrvale.
d) Lisa pruun riis ja küpseta vastavalt pakendi juhistele, kasutades tavalise vee asemel kombuga infundeeritud vett.
e) Maitsesta riis soolaga ja lase jahtuda.
f) Sega suures segamiskausis keedetud pruun riis, riivitud parmesani juust, peeneks hakitud kombu, värske petersell, riivsai ja lahtiklopitud munad.
g) Maitsesta segu maitse järgi soola ja pipraga. Segage kõike, kuni see on hästi segunenud.
h) Võtke väike peotäis segu ja vormige see palliks, tehes keskele väikese süvendi.
i) Kui teil on kombutükke üle jäänud, saate need süvendisse toppida.
j) Veereta arancini riivsaias, et need ühtlaselt kataks.
k) Kuumutage taimeõli sügaval pannil temperatuurini umbes 350 °F (175 °C).
l) Asetage arancini ettevaatlikult kuuma õli sisse ja prae, kuni need on kuldpruunid ja krõbedad, tavaliselt umbes 3-4 minutit.
m) Kasutage arancini eemaldamiseks lõhikuga lusikat ja asetage need paberrätikutele, et eemaldada liigne õli.
n) Serveeri Kombu ja Pruun riisArancini, kui need on veel kuumad ja krõbedad. Neid saab serveerida marinara kastmega või teie valitud dipikastmega.

ULUKITE LIHA ARANCINI

84. Metssiga Arancini

KOOSTISOSAD:
- 4 tassi kanapuljongit
- ½ tassi kuiva valget veini
- 1 ¾ tassi arborio riisi
- 2 keskmist šalottsibulat, jämedalt hakitud
- 2 küüslauguküünt, peeneks hakitud
- 1-kilone jahvatatud metssiga
- Oliiviõli praadimiseks
- Taimeõli sügavpraadimiseks
- 2 spl võid
- ¼ tassi parmesani juustu, riivitud
- 1 pall mozzarellat
- 2 spl kreeka pähkleid, purustatud
- 2 spl rebitud värsket basiilikut
- 2 suurt muna, lahtiklopitud
- 1 tass universaalset jahu
- 1 ½ tassi riivsaia

JUHISED:
a) Keeda kanapuljong.
b) Kuumuta keskmisel pannil või pannil oliiviõli. Lisa küüslauk ja hakitud šalottsibul ning pruunista õrnalt, sageli segades.
c) Lisa pannile arborio riis ja jätka segamist. Küpseta riisi pannil, kuni see muutub läbipaistvaks (umbes 1 minut).
d) Lisa valge vein ja jätka segamist. Kui kogu vein on imendunud, alusta kanapuljongi lisamist vahukulbiga. Enne teise lisamist oodake, kuni eelmine kulp on imendunud, kogu aeg pidevalt segades. Kui riis on keedetud (umbes 15 minutit), sega hulka parmesan, kreeka pähklid ja või.
e) Laota risoto küpsetuspaberiga kaetud alusele ja tõsta 1-2 tunniks külmkappi tahenema.
f) Pärast risoto jahtumist alustage taimeõli kuumutamist temperatuurini 350 °F (175 °C). Tõsta risoto külmkapist välja, kühvelda peopesasuurune kogus pihku ja lameda peopessa. Asetage jahvatatud metssiga, rebitud tükk mozzarellat ja rebitud basiilikulehed pätsi keskele. Murra pätsike ettevaatlikult enda peale, vajadusel lisa riisi.
g) Võtke vormitud pall ja veeretage seda õrnalt jahus, seejärel munas ja lõpuks riivsaias.
h) Laske pall õrnalt kuuma õli sisse ja prae kuni kuldpruunini, umbes 5 minutit.
i) Nautige oma maitsvat metssea Arancinit!

85. Metsik küüslauk ja küüliku Arancini

KOOSTISOSAD:
- 2 küüliku jalga
- 200 g Arborio riisi
- 600 ml küülikupuljongit
- 50 g võid
- 150 g valget sibulat
- 2 loorberilehte
- 2 oksa tüümiani
- Valge veini äädika tilk
- Peotäis metsiku küüslaugu lehti (või üks küüslauguküüs)
- 40 g parmesani
- 60 g mozzarellat
- 2 keskmist muna
- 150 g riivsaia
- 150 g tavalist jahu
- Näputäis soola
- Näputäis pipart
- Toiduõli (friteerimiseks)

N'DUJA majoneesi jaoks:
- 50 g Nduja
- 1 sidruni koor
- Näputäis Nigella seemneid
- Näputäis soola ja pipart
- 250 g majoneesi

JUHISED:
a) Pošeeri küülikukoivad vees koos loorberilehe ja mõne tüümianioksaga pehmeks. Kui liha on pehme, eemaldage see pannilt ja laske jahtuda, seejärel haki liha peeneks. Reserveerige toiduvalmistamiseks mõeldud liköör oma varude jaoks.
b) Teises potis sulata või ja küpseta sibulad koos loorberilehega õrnalt läbi. Maitsesta hästi.
c) Lisa pidevalt segades pannile riis.
d) Lisa vahukulbide kaupa juurviljapuljong, lisa siis, kui kogu puljong on riisi imendunud.
e) Kui riis on keedetud, eemaldage see tulelt ja asetage veidi jahtuma.
f) Lisa tilk valge veini äädikat, parmesani, mozzarellat, peeneks viilutatud metsiküüslauku ja hakitud küülikuliha. Tõsta kõrvale täielikult jahtuma.
g) Vormi käte abil risoto hammustusesuurused pallikesed.
h) Pane jahu, munad ja riivsai kolme eraldi madalasse kaussi. Kasta iga ettevalmistatud risotopall jahusse, seejärel munadesse ja lõpuks riivsaia sisse. Tõsta alusele ja tõsta kõrvale.
i) Täitke paksupõhjaline kastrul poolenisti taimeõliga ja kuumutage keskmisel madalal kuumusel, kuni küpsetustermomeetril on temperatuur 170°C või kuni saiatükk muutub õlis 40 sekundi jooksul kuldpruuniks. Laske arancini pallid partiidena õli sisse ja küpseta umbes 7-8 minutit või kuni need on kuldpruunid. Tõsta köögipaberiga kaetud alusele kõrvale.

N'DUJA majoneesi jaoks:
j) Prae nduja õrnalt kastrulis, vabastades võimalikult palju maitseõli, seejärel lase jahtuda.
k) Sega nduja ülejäänud koostisosadega, seejärel pane serveerimiseks külmkappi. Nautige!

86. Hirveliha Arancini

KOOSTISOSAD:
HIUKURIIHA TÄIDISEKS:
- 250 g jahvatatud hirveliha
- 1 väike sibul, peeneks hakitud
- 2 küüslauguküünt, hakitud
- ½ tassi punast veini
- ½ tassi tomatikastet
- ½ tl kuivatatud oreganot
- Sool ja must pipar, maitse järgi
- Praadimiseks oliiviõli

ARANCINI KOHTA:
- 2 tassi Arborio riisi
- 4 tassi kana- või köögiviljapuljongit
- ½ tassi riivitud parmesani juustu
- 2 muna
- 1 tass riivsaia
- Taimeõli praadimiseks

JUHISED:
HIUKURIIHA TÄIDISEKS:
a) Kuumuta pannil keskmisel kuumusel veidi oliiviõli. Lisa hakitud sibul ja küüslauk ning prae, kuni need muutuvad läbipaistvaks.
b) Lisa pannile jahvatatud hirveliha. Lõika see spaatliga lahti ja küpseta, kuni see on pruunistunud.
c) Vala juurde punane vein ja lase paar minutit podiseda.
d) Sega juurde tomatikaste ja kuivatatud pune. Maitsesta soola ja pipraga maitse järgi. Keeda segu umbes 10-15 minutit või kuni see pakseneb.
e) Tõsta hirvetäidis tulelt ja lase jahtuda.

ARANCINI KOHTA:
f) Keeda Arborio riis vastavalt pakendi juhistele, kasutades vee asemel kana- või köögiviljapuljongit. Lase keedetud riisil jahtuda.
g) Segage suures kausis keedetud riis, riivitud parmesani juust ja munad. Kombineerimiseks sega hästi läbi.
h) Võtke lusikas riisisegu ja tasandage see peopesas. Lisa keskele lusikatäis hirvelihatäidist, seejärel vormi riis selle ümber palliks. Korrake seda protsessi, kuni kogu segu on kasutatud.
i) Veereta iga riisipalli riivsaias, et need korralikult katta.
j) Kuumutage taimeõli fritüüris või suurel sügaval pannil temperatuurini 350–375 °F (175–190 °C).
k) Asetage riisipallid ettevaatlikult kuuma õli sisse ja praege, kuni need on kuldpruunid ja krõbedad, umbes 3-4 minutit.
l) Eemaldage Venison Arancini õlist ja asetage need paberrätikutele, et liigne õli tühjendada.
m) Serveerige oma Venison Arancinit, kui need on veel soojad. Neid saab nautida eraldi või kastmiseks tomatikastmega.

JUUST ARANCINI

87. Mac ja juust Arancini

KOOSTISOSAD:
- 1 karp maci ja juustuga
- ¼ tassi jahu
- 2 muna
- ½ tassi leivapuru
- ¼ tassi riivitud parmesani juustu
- Sool ja pipar

JUHISED:

a) Küpseta maci ja juustu vastavalt karbil olevatele juhistele. Lase 5-10 minutit jahtuda.

b) Segage suures kausis jahu, sool ja pipar. Vormi mac ja juust lusika või küpsisekulbiga väikesteks palgideks või silindriteks.

c) Kasta iga palk jahusegusse, seejärel lahtiklopitud munadesse, seejärel veereta riivsaia segus. Tõsta ahjuplaadile ja pane 15-20 minutiks sügavkülma.

d) Kuumutage taimeõli suurel pannil keskmisel-kõrgel kuumusel.

e) Prae maci ja juustu Arancinit partiidena 2–3 minutit või kuni see on kuldpruun ja krõbe. Nõruta paberrätikutel.

88. Brie ja basiilik Arancini

KOOSTISOSAD:
- ¼ tassi (½ pulka) soolamata võid
- ¼ tassi universaalset jahu
- 1 tass piima
- 9 untsi jahutatud Brie või Camembert juustu, koor eemaldatud, lõigatud 1-tollisteks tükkideks
- ¼ tassi peeneks hakitud värsket basiilikut
- 2 suurt muna
- Universaalne jahu katmiseks
- 2 tassi kuiva leivapuru
- 2 spl oliiviõli

JUHISED:
a) Sulata keskmisel kuumusel raskes keskmises kastrulis või. Lisage ¼ tassi jahu ja segage, kuni see muutub helekuldseks, umbes 2 minutit. Eemaldage kuumusest.
b) Vispelda vähehaaval juurde piim. Pane pann uuesti tulele ja hauta tasasel tulel, kuni segu muutub väga paksuks, kuid siiski valatavaks, umbes 4 minutit.
c) Lisa Brie või Camemberti juustu tükid ja hakitud basiilik. Sega, kuni juust on täielikult sulanud, umbes 2 minutit. Eemaldage kuumusest.
d) Maitsesta juustu segu maitse järgi soola ja pipraga. Sega juurde 1 muna. Valage segu 10-tollise läbimõõduga pirukaplaadile. Naha moodustumise vältimiseks suru juustusegu pinnale kile. Jahuta segu üleöö külmkapis.
e) Vormi jahutatud kätega jahtunud juustusegust kreeka pähkli suurused pallikesed. Puista juustupallid jahuga ja jahuta neid kuni kõvaks, umbes 1 tund.
f) Vajutage iga juustupall ¾-tollise ümmarguse kujuga.
g) Klopi väikeses kausis lahti ülejäänud muna.
h) Asetage kuiv leivapuru keskmisesse kaussi. Kastke iga juustutükk lahtiklopitud muna sisse, veendudes, et see oleks korralikult kaetud, ja seejärel riivsaia sisse, surudes puru õrnalt juustu pinnale kinni.
i) Kuumuta suurel raskel pannil oliiviõli keskmisel-kõrgel kuumusel.
j) Partiidena töötades prae kaetud juustutükke kuumas õlis, kuni need muutuvad kuldpruuniks, umbes 1 minut mõlemalt poolt. Olge ettevaatlik, et neid üle ei küpsetaks.
k) Nõruta praetud Arancini paberrätikutel, et eemaldada liigne õli.
l) Serveeri Brie & Basil Arancini soojalt mõnusa eelroana või suupistena.
m) Nautige nende Brie & Basil Arancini rikkalikke ja soolaseid maitseid, mis sobivad ideaalselt igaks koosviibimiseks või maitsvaks maiuspalaks endale!

89. Kolmekordse juustuga Arancini jõhvikakastmega

KOOSTISOSAD:

- 50 g võid
- 2 banaani šalottsibulat, peeneks hakitud
- 80 g tavalist jahu
- 450 ml täispiima
- Näputäis cayenne'i pipart
- 70 g Manchego juustu, riivitud
- 50 g cheddari juustu
- 50 g parmesani või taimetoidu kõva juustu
- 4 suurt muna, kergelt lahti klopitud
- 300 g panko riivsaia
- Taimeõli, friteerimiseks
- Jõhvikakastme jaoks:
- 180 g värskeid või külmutatud jõhvikaid
- 100g helepruuni pehmet suhkrut

JUHISED:

a) Kuumuta potis või keskmisel kuumusel. Lisa peeneks hakitud šalottsibul ja prae õrnalt 10-12 minutit, kuni see muutub läbipaistvaks.
b) Tiheda pasta saamiseks segage tavaline jahu. Vahusta täispiim järk-järgult jahuse pasta hulka, et tekiks paks kaste. Lisa kastmele näputäis cayenne'i pipart, riivitud Manchego juustu, cheddari juustu ja parmesani (või taimetoidu kõva juustu). Maitsesta näpuotsatäie soolaga. Segage kõike, kuni juustud on sulanud ja hästi segunenud.
c) Vala juustu segu ahjuplaadile ja lase 30 minutit jahtuda. Kata plaat ja jahuta segu külmikus vähemalt 3 tundi või üleöö.
d) Jõhvikakastme jaoks sega pannil jõhvikad, helepruun pehme suhkur ja 100 ml vett. Hauta 10-15 minutit, kuni jõhvikad lagunevad ja kaste pakseneb. Maitsesta maitse järgi ja tõsta kaste kõrvale.
e) Veereta jahtunud juustusegust märgade kätega kreeka pähklisuurused pallikesed.
f) Aseta lahtiklopitud munad madalasse kaussi ja panko riivsai eraldi madalale taldrikule.
g) Veeretage iga juustupall lahtiklopitud munades, veendudes, et need on korralikult kaetud, seejärel veeretage neid riivsaias, jättes need korralikult peale. Arancini kahekordseks katmiseks korrake seda protsessi.
h) Valage suurde kastrulisse taimeõli, kuni see on umbes kolmandiku võrra täis. Kuumuta õli 175°C-ni (või kuni saiakuubik pruunistub 30 sekundi jooksul).
i) Prae Arancini juustu ettevaatlikult partiidena 2–3 minutit, kuni need muutuvad kuldpruuniks. Vältige õli ülekuumenemist, et vältida Arancini väljast liiga kiiret pruunistumist enne seest läbikuumenemist.
j) Tõsta praetud Arancini lusika abil majapidamispaberiga kaetud taldrikule, et üleliigne õli välja kurnata.
k) Serveeri kolmekordse juustuga Arancini kuumalt koos jõhvikakastmega. Nautige neid krõbedaid ja kleepuvaid hõrgutisi!

90. Belgia juust Arancini

KOOSTISOSAD:
Arancini TÄIDISE KOHTA:
- ½ tassi soolamata võid
- ¾ tassi + 3 spl universaalset jahu
- 1 ¾ tassi täispiima
- ¼ tassi köögiviljapuljongit
- 3 ½ untsi hakitud pehmet juustu
- 2 ½ untsi riivitud laagerdunud kõva juustu
- 2 untsi kuubikuteks või riivitud pehme juustu, millel on kergelt funky maitse
- Must või valge pipar ja muskaatpähkel maitse järgi

Arancini paneerimiseks ja praadimiseks:
- Neutraalne õli (nt raps) praadimiseks
- Universaalne jahu
- Sool, maitse järgi
- 2 munavalget
- 2 spl täispiima
- Panko riivsai

JUHISED:

a) Sega kastrulis keskmisel kuumusel jahu ja või, kuni moodustub paks kuldne pasta (blond roux). Segage pidevalt, kuni pasta on paks ja veidi kuivanud, umbes neli minutit.

b) Lisage täispiim ja köögiviljapuljong, pidevalt segades, kuni moodustub paks valge kaste. Olge ettevaatlik, et kaste ei kõrbeks ega jääks panni külge kinni.

c) Lisage riivitud pehme juust, laagerdunud kõva juust ja kuubikuteks lõigatud või hakitud funky-maitseline juust. Segage tulel üks minut. Eemaldage tulelt ja jätkake segamist, kuni juust on sulanud ja segu on ühtlane.

d) Maitsesta segu musta või valge pipra ja muskaatpähkliga vastavalt maitsele.

e) Valage juustu segu vooderdatud 11x7" või 9x9" ahjupannile ja külmutage vähemalt 6 tundi, kuni 12 tundi.

f) Tõsta külmunud segu pannilt ja viiluta see terava noaga ühtlasteks tükkideks.

g) Kuumutage õli temperatuurini 360 °F (182 °C).

h) Valmistage paneerimiseks kolm rooga või kaussi: üks universaalse jahuga, üks vahustatud munavalge ja piimaga ning üks panko riivsaiaga.

i) Paneeri külmutatud juusturuudud esmalt jahuga, seejärel munasegusse kastes ja lõpuks panko riivsaiaga.

j) Prae ruudud kolme või nelja kaupa. Pöörake need kolme minuti pärast ümber. Arancini on õlist eemaldamiseks valmis, kui need muutuvad kuldpruuniks, umbes 6 minutit. Kui kuulete neid "laulmas" (auru hääl, mis väljub krõmpsuvast paneeringust), on see veel üks märk, et nad on valmis.

k) Märkus. Kui külmunud ruudud sellesse kukutatakse, võib õli temperatuur langeda umbes 340 °F-ni (171 °C). Enne järgmise partii praadimist veenduge, et õli temperatuur tõuseks kuni 182 °C (360 °F).

l) Aseta Arancini paberrätikutega kaetud ahjurestile. Puista neid soolaga, keera ümber ja puista teisele poole. Serveeri soojalt koos väikese salati, peterselli, viilutatud kirsstomatite ja hakitud porgandi kõrvalsalatiga. Nautige neid krõbedaid ja juustumaid hõrgutisi!

91. Hispaania brokkoli ja juust Arancini

KOOSTISOSAD:
- 2 spl ekstra neitsioliiviõli 30 ml
- 2 šalottsibulat
- 3 küüslauguküünt
- 2 tassi peeneks hakitud brokkolit 180 grammi
- 2 tassi hakitud Manchego juustu 225 grammi
- 2 spl universaalset jahu 15 grammi
- 1 tass piima 240 ml
- ¼ tassi universaalset jahu 30 grammi
- 2 muna
- 1 tass riivsaia 120 grammi
- ½ tassi päevalilleõli 125 ml
- näputäis meresoola
- näputäis musta pipart

JUHISED:

a) Kuumuta suur pann keskmisel kuumusel ja lisa 2 spl ekstra neitsioliiviõli, 2 minuti pärast lisa 2 peeneks hakitud šalottsibulat ja 3 peeneks hakitud küüslauguküünt, sega oliiviõliga, 1 minuti pärast lisa 2 tassi peeneks hakitud brokkoli ja jätka segamist
b) 3 minuti pärast ja köögiviljad on kergelt praetud, lisage 2 spl universaalset jahu, jätkake segamist ja keetke 2 minutit, seejärel lisage aeglaselt segades 1 tass piima, kui kogu piim on lisatud ja saate pasta, lülitage kuumus välja.
c) Lisa 2 tassi riivitud Manchego juustu ja maitsesta meresoola ja musta pipraga, sega kuni moodustub paks pasta, tõsta segu madalasse kaussi, kata saranwrapiga ja jahuta, seejärel lisa 30 minutiks sügavkülma.
d) Vahepeal lisa kaussi ¼ tassi universaalset jahu, löö eraldi kaussi sisse 2 muna ja klopi kokku, lisa kolmandasse kaussi 1 kl riivsaia, maitsesta meresoola ja musta pipraga ning sega läbi.
e) Pärast 30-minutilist segu sügavkülmas jahutamist peaks see olema piisavalt tihke, et hakata Arancinit vormima.
f) Kuumuta suur pann keskmisel kuumusel ja lisa ½ tassi päevalilleõli
g) Pühkige käed jahuga, haarake lusikaga osa segust ja vormige see suureks munaks, seejärel lisage jahu, munapesu ja lõpuks riivsaia hulka, tehke seda seni, kuni kõik Arancini on moodustunud.
h) Pärast 10-minutilist õli kuumutamist hakake pannile lisama Arancini ühe kihina, küpsetage partiidena, küpsetage 1,5 kuni 2 minutit mõlemalt poolt, seejärel valage paberrätikutega nõusse, serveerige korraga, nautige !

LINNUD ARANCINI

92. Sitsiilia part Arancini

KOOSTISOSAD:
- 1 pardipraad, sulatatud
- 2 spl Võid
- 1 ½ tassi arborio riisi
- ⅓ tassi valget veini
- 32 untsi kanapuljongit
- ¼ tassi Parmesani juustu, riivitud
- 1 supilusikatäis oliiviõli
- ½ valget sibulat, peeneks viilutatud
- 2 keskmist porgandit, peeneks viilutatud
- 2 sellerivart, peeneks kuubikuteks lõigatud
- 4 küüslauguküünt, hakitud
- 4 untsi tomatipasta
- ¾ tassi vett
- 4 untsi mozzarellat
- ½ tassi jahu
- 2 muna
- 1 tass leivapuru
- 3 tassi õli praadimiseks
- Lisandiks Marinara kaste ja basiilik

JUHISED:

a) Kuumuta potis või keskmisel kuumusel. Lisa riis ja küpseta 1 minut.
b) Lisa valge vein, kuni see on riisi sisse imbunud, seejärel lisa kanapuljong. Kuumuta keemiseni. Küpseta, kuni riis on pehme, umbes 18 minutit. Sega hulka riivitud parmesan.
c) Tõsta keedetud riis madalale pannile ja jahuta kuni 1 tund külmikus tahenema.
d) Kuumuta teisel pannil oliiviõli ja prae sibulat, sellerit, porgandit ja küüslauku 5 minutit. Lõika praepoolik pardiliha väikesteks tükkideks ja lisa pannile. Küpseta veel 5 minutit.
e) Lisa tomatipasta ja vesi. Küpseta 2 minutit või kuni see on ühtlane.
f) Pange riisipallid kokku, asetades pardisegu ja mitu mozzarellakuubikut lameda riisiosa keskele, seejärel keerake see palliks.
g) Veereta iga pall jahus, munas ja seejärel riivsaias. Prae kuni kuldpruunini, umbes 5 minutit.
h) Kaunista basiiliku, ekstra riivitud parmesani ja marinara kastmega ning serveeri.
i) Nautige oma Sitsiilia part Arancinit!

93. Pühvli kana Arancini

Valmistab: 5-10 portsjonit

KOOSTISOSAD:
RIISI KOHTA:
- 2 spl ekstra neitsioliiviõli
- 1 tass tükeldatud sibulat
- 1 nael Arborio riisi
- ½ tassi vermutit või valget veini
- 4 ½ tassi kanapuljongit, jagatud (pluss vastavalt vajadusele)

PÜHVLI KANA KOHTA:
- ½ naela kondita nahata kanareied (umbes 2 reied)
- ½ tassi tükeldatud sibulat
- 1 ½ supilusikatäit soolamata võid
- 1 tass kanapuljongit
- 1 ½ tassi vett
- ½ tl jahvatatud köömneid
- ¼ tl kuiva pune
- ¼ tassi kuuma kastet ja veel 2 supilusikatäit

PÜHVLIKASTE:
- 1 tass kuuma kastet
- 2 spl sulatatud võid
- ½ tl jahvatatud köömneid

MUUD:
- 3 tervet muna, lahtiklopitud
- 1 tass hakitud Romano juustu
- 4 untsi purustatud sinihallitusjuustu
- 2 muna
- 2 spl piima
- 1 tass universaalset jahu
- 1 ½ tassi maitsestatud leivapuru
- Taimeõli praadimiseks
- Sinihallitusjuustu kaste, dippimiseks
- Selleripulgad, serveerimiseks

JUHISED:
a) Lisa keskmisel kuumusel keskmises kuni suures potis oliiviõli ja prae sibulat kolm minutit.
b) Lisa Arborio riis, sega ja küpseta üks minut.
c) Lisage valge vein, segage (olge ettevaatlik, sest see hakkab mullitama) ja küpseta, kuni see imendub.
d) Niipea, kui vein on imendunud, lisage üks tass kanapuljongit ja segage. Küpseta, kuni see on peaaegu imendunud, seejärel lisa veel üks tass puljongit. Jätkake seda protsessi, kuni kogu puljong on ära kasutatud ja riis on keedetud, kuid siiski nätske, kokku kuludes umbes 15–20 minutit. Soovitud tekstuuri saavutamiseks võite vajadusel lisada rohkem puljongit.
e) Valage keedetud riis lehtpannile, katke ja hoidke külmkapis, kuni see on hästi jahtunud. Tõsta kaanega anumasse ja hoia külmas.
f) Kuni riis jahtub, küpseta eraldi potis või pannil Buffalo kana. Sega kana, tükeldatud sibul, või, kanapuljong, vesi, jahvatatud köömned, kuiv pune ja ¼ tassi kuuma kastet. Kuumuta see keemiseni, alanda siis kuumust ja hauta tund aega, kuni kana on pehme ja laguneb.
g) Kurna vedelik välja ja visake see ära. Aseta kana ja sibul kaussi ning tükelda kana kahe kahvliga. Sega juurde veel 2 supilusikatäit kuuma kastet ja hoia seda segu hilisemaks külmkapis.
h) Valmistage Buffalo dipikaste, kombineerides kuuma kastme, sulatatud või ja köömnetega. Pane hilisemaks ajaks külmkappi.
i) Võtke hästi jahutatud riis ja segage kolm lahtiklopitud muna ja Romano juust. Jagage see segu 20 palliks, seejärel lappige igaüks veidi kuni umbes kolme tolli läbimõõduga ja asetage need pärgamendiga vooderdatud pannile.
j) Eemaldage kana külmkapist ja jagage liha 10 osaks. Samamoodi jaga sinihallitusjuust 10 osaks ja lisa need kanaportsjonitele.
k) Võtke märgade kätega üks riisipott, asetage kana ja juust keskele ning seejärel võtke esimene kotlet üles. Vajutage need kokku ja vormige need palliks. Iga täidetud riisipall on umbes pesapalli suurune. Iga vormi valmistamisel asetage see tagasi vooderdatud lehtpannile ja jahutage kuni järgmise sammuni.
l) Seadke paneerimiseks kolm kaussi: üks lahtiklopitud munade ja piimaga, üks jahuga ja kolmas maitsestatud riivsaiaga.

m) Kuumuta sügavas raskes potis, näiteks Hollandi ahjus või wokis, piisavalt õli, et katta suured riisipallid küpsemise ajal. Õli temperatuur peaks olema 325 °F, mitte kuumem, et keskosa kuumeneb läbi enne, kui välispind liiga palju pruunistub.
n) Paneerige iga pall, kastes see esmalt jahusse, seejärel munapesusse ja lõpuks riivsaia sisse. Hoidke ümmargust kuju ja asetage need paneerimise ajal puhtale alusele.
o) Kasutades suurt metallist lusikat, tilgutage iga riisipall õrnalt kuuma õli sisse, küpsetades partiidena, et kontrollida õli temperatuuri.
p) Kui need on pruunistunud, mis peaks kestma umbes kolm minutit, tõsta need paberrätikutega kaetud pannile või nõusse nõrguma.
q) Serveeri Pühvli kana Arancinit sinihallitusjuustukastme, Buffalo kastme ja selleripulkadega.

94. Türgi Arancini

Valmistab: 4 portsjonit

KOOSTISOSAD:
- 400g kalkuni- ja gammoni risoto jääke
- 75 g mozzarella juustu, lõigatud 2 cm kuubikuteks
- 50 g universaalset jahu
- 1 suur vabapidamisel pekstud muna
- 100 g panko riivsaia
- Taimeõli, friteerimiseks

SERVEERIMA:
- 1 sidrun, viiludeks lõigatud
- Väike peotäis värskeid lamedate lehtedega peterselli lehti, peeneks hakitud
- Jõhvikakaste

JUHISED:
a) Tõstke külmkapist välja kalkuni- ja gammoni risoto ülejäägid.
b) Vormi risoto puhaste ja niiskete kätega 12 golfipalli suuruseks portsjoniks, mille keskel on mozzarella kuubik. Jahutage 30 minutit, et need saaksid tahkuda.
c) Pange kolm madalat kaussi järgmisega: jahu, lahtiklopitud muna ja panko riivsai. Määri iga risotopall esmalt jahuga, seejärel lahtiklopitud munaga. Raputage üleliigne maha ja lõpuks veeretage neid panko riivsaias, kuni need on täielikult kaetud.
d) Täitke sügav kastrul umbes kolmandiku ulatuses taimeõliga ja asetage see keskmisele kuumusele, kuni see jõuab 180 °C-ni.
e) Kolme või nelja partiidena laske kalkuni- ja gammoni risotopallid lusikaga ettevaatlikult kuuma õli sisse. Prae 5-6 minutit, aeg-ajalt keerates, kuni need muutuvad kuldseks ja krõbedaks.
f) Nõruta paberrätikutel ja maitsesta meresoolahelvestega. Hoidke neid ülejäänud partiide küpsetamise ajal soojas.
g) Puista arancini peale petersellilehed ja kaunista sidruniviiludega. Serveeri neid soojalt koos jõhvikakastmega.

95. Brasiilia kana Arancini

KOOSTISOSAD:
- 3 kanarinda, nahaga ja kondita
- ½ keskmist sibulat, hakitud
- 2 küüslauguküünt, peeneks hakitud
- 2 kuubikut kanapuljongit
- 6 supilusikatäit võid
- 1 ½ teelusikatäit soola
- ½ tl sidrunipipart
- 4 tassi vett
- 1 väike roheline sibul, hakitud
- ¼ tassi hakitud värsket peterselli
- 3 tassi universaalset jahu
- 1 8-untsi pakk toorjuustu
- 2 munavalget
- leivapuru

JUHISED:

a) Küpseta suures mikrolaineahjus kausis kõrgel mikrolaineahjus kanarind, sibul, küüslauk, kanapuljong, või, sool, pipar ja vesi. Kana peaks küpsema 10 minutiga.

b) Eemaldage kana rinnad ja tükeldage need peeneks. Värvuse saamiseks lisage petersell ja roheline sibul.

c) Keetke keskmises kastrulis 3 tassi ülejäänud puljongit 10 minutit. Lisa jahu ja sega intensiivselt umbes 1 minut, kuni see muutub niiskeks tainaks. Võtke tainas pannilt välja ja jahutage sooja temperatuurini. Sõtku, kuni see muutub ühtlaseks ja kõik jahutükid on kadunud umbes 10 minutit.

d) Kuumuta fritüür temperatuurini 350 °F.

e) Tasandage tainas taignarulliga ¼" paksuseks ja lõigake biskviitlõikuri või joogiklaasiga 2 ½"–3 ½" suurused ringid. Asetage tainas peopesale ja lisage 1 tl toorjuustu ja 1 tl kanatäidist.

f) Muutke koostisosade kogust vastavalt lõigatud taignaringi suurusele, et saaksite taigna sulgeda nii, et täidis jääb sisse. Sõtkuge kõik kasutamata jäänud taignajäägid ja keerake need uuesti rulli, lõigates ringe, kuni kogu tainas on kasutatud.

g) Voldi ja sulge tainas trummipulga kujul.

h) Pintselda täidetud tainas ohtralt munavalgega ja veereta riivsaia peal, kuni see on kaetud.

i) Prae umbes 8 minutit või kuni kuldpruunini. Eemaldage kuumast õlist lusika või spaatliga. Nõruta paberrätikutel ja serveeri kuumalt.

96. Faasan Arancini

KOOSTISOSAD:
- 1 tass hakitud keedetud faasanit
- 4 supilusikatäit võid või margariini
- 4 supilusikatäit jahu
- 1 tass piima
- 1 tl soola
- 1 tl majoraani
- 1 tl karripulbrit
- 1 muna, lahtiklopitud
- 2 supilusikatäit jahu
- 1 tass leivapuru ja/või maisihelbepuru

JUHISED:
a) Valmista jahust, võist ja piimast kaste ning lisa liha ja maitseained. Jahuta korralikult. Klopi lahti muna.
b) Vormige Arancini segu, veeretage jahus, munas ja seejärel purus, veenduge, et kõik kohad oleksid enne purustamist munaga kaetud.
c) Prae rasvas 375 °F juures umbes 5 minutit või kuni kuldpruunini, nõruta imaval paberil ja serveeri kuumalt.

97. Küpsetatud Türgi Arancini

KOOSTISOSAD:
- 2 spl Võid
- 3 spl Jahu
- ¾ tassi piima
- 2 tassi Türgi, tükeldatud
- 1 munakollane, lahtiklopitud
- ¼ teelusikatäit soola
- ¼ tl selleri soola
- 1 muna
- 2 teelusikatäit vett
- ½ tassi leivapuru
- ¼ tl Jahvatatud salvei
- 2 spl Võid, sulatatud

JUHISED:
a) Sulata kastrulis madalal kuumusel 2 spl võid. Lisa jahu ja sega, kuni see on hästi segunenud. Küpseta üks minut.
b) Lisa pidevalt segades jahusegule aeglaselt piim, kuni see keeb. Lase kastmel jahtuda.
c) Kui kaste on jahtunud, lisa tükeldatud kalkun, lahtiklopitud munakollane, sool ja sellerisool. Segage kõik põhjalikult, et segada.
d) Vormi kalkuni segust kaksteist väikest koonust ja tõsta need kõrvale.
e) Sega madalas tassis riivsai jahvatatud salvei.
f) Klopi teises tassis muna koos veega lahti.
g) Veeretage iga kalkunikoonust riivsaia segus, veendudes, et need oleksid ühtlaselt kaetud.
h) Kasta iga kaetud koonus lahtiklopitud muna sisse ja veereta neid siis uuesti riivsaias kahekordseks katteks.
i) Kuumuta ahi temperatuurini 350 kraadi Fahrenheiti (175 kraadi Celsiuse järgi). Määri küpsetusvorm rasvainega.
j) Aseta kaetud kalkunikäbid võiga määritud ahjupannile ja nirista need üle sulavõiga.
k) Küpseta kalkuni Arancinit eelkuumutatud ahjus umbes 40 minutit või kuni need muutuvad kuldpruuniks ja on läbi küpsenud.
l) Kui olete valmis, eemaldage küpsetatud kalkuni Arancini ahjust ja serveerige neid soojalt maitsva ja soolase maiusena.
m) Nautige omatehtud küpsetatud Türgi Arancinit! Need valmistavad maitsva eelroa või pearoa maitsvaks eineks.

98. Kreool Arancini

KOOSTISOSAD:
- 2 tassi järelejäänud liha või kana (keedetud ja tükeldatud)
- 1 spl Lühendamine
- 1 sibul
- 1 küüslauguküünt
- 1 haru seller
- 4 oksakest peterselli
- ½ roheline pipar
- 1 muna
- 3 keedetud liri kartulit (püree)
- 1 tass leiva- või kreekeripuru
- Sool ja Cayenne'i pipar maitse järgi

JUHISED:
a) Jahvata köögikombainis või hakklihamasinas ülejäänud liha või kana koos sibula, küüslaugu, selleri, peterselli ja rohelise pipraga.
b) Lisa purustatud keedetud liri kartulid jahvatatud segule.
c) Maitsesta segu maitse järgi soola ja cayenne'i pipraga.
d) Sega kokku klopitud munaga, et segu omavahel siduda.
e) Vormi segust väikesed pallid.
f) Veereta vormitud Arancini kreekerites või riivsaias, et need ühtlaselt katta.
g) Kuumuta sügaval pannil või potis kõrgel kuumusel, kuni see on kuum.
h) Prae Arancini kiiresti kuumas õlis, kuni need muutuvad kuldpruuniks ja krõbedaks.
i) Eemalda praetud Arancini õlist ja nõruta need imavale paberile, et eemaldada liigne õli.
j) Serveeri kreooli Arancinit, kuni need on kuumad ja krõbedad.
k) Need maitsvad kreooli arancinid on suurepärane viis liha- või kanajääkide ärakasutamiseks ja on kindlasti iga toidukorra hitt. Serveeri neid maitsva eelroana või rahuldava pearoana ning naudi kreooli maitsete hõrgutavat segu.

99. Kana karri Arancini

KOOSTISOSAD:
Arancini jaoks:
- ¼ tassi võid
- 1 tl selleriseemneid
- ½ tassi jahu
- 1 tl riivitud sibul
- 1 tass piima
- 1 tl kastmeekstrakti
- 2 tassi keedetud kana, tükeldatud
- ¼ teelusikatäit karripulbrit
- ¼ tassi hakitud sellerit
- ⅛ teelusikatäis pipart
- 2 spl hakitud peterselli
- ⅛ teelusikatäis kuuma pipra kastet
- 2 spl sidrunimahla
- 2 muna, löömata
- 1 tl Sool

Krõbeda taigna jaoks:
- 2 munakollast
- 2 spl Võid, sulatatud
- ⅔ tassi piima
- 2 spl sidrunimahla
- ½ teelusikatäit soola
- ¼ teelusikatäit karripulbrit
- 1 tass universaalset jahu
- 2 munavalget

KANAKASTE:
- 10,5 untsi Kanasupp, nõrutatud
- ½ tassi piima
- 1 tl riivitud sibul
- ¼ tassi Seene varred ja tükid
- ⅛ teelusikatäis karripulbrit

JUHISED:

a) Potis sulata madalal kuumusel või. Sega hulka selleriseemned ja jahu. Lisa vähehaaval pidevalt segades piim, kuni segu pakseneb.

b) Lisa paksenenud segule tükeldatud kanaliha, riivitud sibul, kastmeekstrakt, karripulber, hakitud seller, hakitud petersell, sidrunimahl, sool, pipar ja terav piprakaste. Sega juurde lahtiklopimata munad. Kuumuta pidevalt segades korralikult läbi.

c) Laota segu 8- või 9-tollisele fooliumiga kaetud pirukavormile. Külmutage see poolteist kuni kaks tundi, kuni see on osaliselt külmunud. Kui see on osaliselt külmunud, lõigake see 16 viiluks.

d) Krõbeda taigna valmistamiseks vahusta munakollased suures segamiskausis piima ja soolaga, kuni need on hästi segunenud. Sega juurde jahu ja seejärel sulatatud või, sidrunimahl ja karripulber. Vahusta munavalged eraldi kausis pehmeks vahuks, seejärel sega need taignasse.

e) Kastke kõik külmutatud Arancini viilud krõbedasse taignasse ja katke need ühtlaselt. Nõruta üleliigne tainas ära.

f) Prae kaetud Arancinit sügavas kuumas õlis (365 °F / 185 °C) 4–5 minutit, keerates neid üks kord, kuni need muutuvad kuldpruuniks. Eemaldage Arancini õlist ja nõrutage need imavale paberile.

g) Kanakastme jaoks sega kastrulis kanasupp, piim, seenetükid, riivitud sibul ja karripulber. Kuumuta segu korralikult läbi.

h) Serveerige Kana Curry Arancinit koos krõbeda taigna ja kanakastmega ning nautige seda veetlevat ja maitsvat rooga!

100. Muna Arancini

KOOSTISOSAD:
- 4 kõvaks keedetud muna, tükeldatud
- 1 spl Jahu
- ½ teelusikatäit soola
- Kreekeripuru
- Õli (praadimiseks)
- 1 spl Võid
- ¾ tassi piima
- Natuke paprikat
- 1 lahtiklopitud muna

JUHISED:
a) Topeltkatlas sulatage või keskmisel kuumusel. Lisa jahu ja sega, kuni see on hästi segunenud.
b) Kalla piim ja maitseained (sool ja paprika) koos või-jahuseguga topeltkatlasse. Keeda segu, kuni see pakseneb, moodustades kreemja kastme. Eemaldage see tulelt.
c) Lisa kastmele tükeldatud kõvaks keedetud munad ja sega läbi. Tõsta segu kõrvale jahtuma.
d) Kui segu on jahtunud, vormi sellest kätega Arancini.
e) Veereta iga Arancini kreekeripurus ja kasta need lahtiklopitud munasse.
f) Kuumuta sügaval pannil või potis õli praadimiseks. Prae Arancinit kuumas õlis, kuni need muutuvad pealt kuldpruuniks ja krõbedaks.
g) Eemaldage praetud muna Arancini õlist ja nõrutage need paberrätikutele, et eemaldada liigne õli.
h) Serveeri maitsvat Muna Arancinit, kui see on veel kuum ja krõbe.
i) Nautige seda veetlevat Muna Arancinit maitsva eelroana või lisandina. Krõmpsuva kattega ümbritsetud kõvaks keedetud munade kreemjas keskosa teevad need lohutava ja maitseka maiuspalaks.

KOKKUVÕTE

Kui meie teekond läbi "Arancini kunst: kulinaarne teekond läbi 100 riisipalli" on lõppemas, loodame, et olete leidnud inspiratsiooni, naudingut ja värskelt keedetud arancini vastupandamatu aroomi. See kokaraamat on midagi enamat kui retseptide kogu; see on tunnistus universaalsest armastusest hea toidu vastu, loomingulisusest köögis ja itaalia köögi ajatust võlust.

Soovitame teil jätkata retseptidega katsetamist, kohandada neid vastavalt oma maitsele ja eelistustele ning luua oma unikaalseid arancini versioone. Jagage seda maitsvat loomingut oma lähedastega ja nautige nende pakutavaid hetki.

Tänu nendest retseptidest saadud teadmistele ja kogemustele täitku teie köök alati maitsva riisipallide lõhna ja ühiste einete soojusega. Täname, et võtsite selle kulinaarse teekonna meiega kaasa ja olgu teie seiklused köögis sama rahuldust pakkuvad kui maitsvad. Head isu!

www.ingramcontent.com/pod-product-compliance
Lightning Source LLC
Chambersburg PA
CBHW071305110526
44591CB00010B/778